JN299510

災害と妖怪
柳田国男と歩く日本の天変地異

畑中章宏

災害と妖怪　柳田国男と歩く日本の天変地異　目次

はじめに

柳田国男《やなぎたくにお》（一八七五―一九六二）が書いた『遠野物語《とおのものがたり》』（明治四三年・一九一〇年）の序文は、詩情溢れる遠野郷の描写と来るべき民俗学への布石を示す主張がないまぜとなった魅力的な文章である。そしてこのなかにはとても大切な言葉がちりばめられている。ひとつは「願わくはこれを語りて平地人を戦慄せしめよ」という有名な一節であり、「これは目前の出来事なり」「要するにこの書は現在の事実なり」という言葉である。

『遠野物語』一巻を、数かずの妖怪が登場する怪異譚集としてみた場合、「平地人を戦慄せしめよ」と呼びかけられているのは、河童や天狗、山男に山女、そしてザシキワラシといった妖怪や小さな神々であるだろう。そして「目前の出来事」「現在の事実」という言葉に着目するとき、こういった怪異はいつまで実在したかに思いをめぐらさずにおれないのである。

平成二三年（二〇一一）三月一一日におこった大地震と大津波により、東北地方では多数の犠牲者と、大きな被害がもたらされた。それから一年ほどのあいだに、『遠野物語』を思い起こさざるを得ない「現在の事実」である報道記事をいくつか目にした。

＊

そのひとつは岩手県の中央に位置する遠野市が、内陸と沿岸部を結ぶ地の利から、災害にたいする後方支援の拠点として機能しているというものである。「河北新報」の平成二三年八月十六日付の記事は「焦点／震災一四分後　沿岸支援準備／遠野『扇の要』機能」と題した記事を載せている。遠野市は「被害の大きい岩手県南の沿岸六市町が半径約五〇キロ圏内にある地理的条件に加え、震災前から後方支援の構想を掲げ、提言や防災訓練を行ってきた。津波常襲地帯である沿岸部の背後地としての自覚と備えが、『後方支援のモデルケース』と評される取り組みを可能にした」とされる。震災発生からわずか一四分後の当日午後三時に遠野運動公園が速やかに開放され、照明設備や発電機の設置など自衛隊を受け入れるための準備を進めたことを記事は伝える。遠野市はコミュニティーセンターなど一四四の施設を開放し、民間宿泊施設の利用も含めると、自衛隊、警察、消防、医療、ボランティアなど二五〇を超す団体が遠野を拠点に活動を展開。市も独自に救援物資を三〇〇回以上被災地に届けたという。

柳田国男が明治四二年（一九〇九）八月二三日にはじめて遠野を訪れたとき、東北本線の花巻駅に早朝到着し、人力車に揺られて夜八時にようやく遠野市内の宿で荷をほどくことができたのである。しかし記事によるといまでは、「遠野市は昔から沿岸と内陸の結節点として道路網が整備され、北は宮古市から南の陸前高田市までそれぞれ車で約一時間、ヘリコプターで約一五分の距離にある。……物流の大動脈、東北自動車道とは花巻ジャンクション（JCT）を経由し車で一時間弱でつながる」という。また本田敏秋遠野市長は「遠野は藩制時代から人とモノ、内陸と沿岸の交流拠点だった。地盤も安定し、活断層もない。もちろん津波は来ない。周囲から『遠野に津波は関係ないのに』と言われたが『津波が来ないからこそ、遠野の果たす役割がある』と訴えてきた」と述べる。

またこの新聞記事は伝えていないものの、復興に携わる多くの人びとを受け入れることができたのは、遠野が『遠野物語』で知られる観光地として、宿泊施設が充実していたからにほかならない。柳田国男がわずか三五〇部あまりを自費出版した本が、一〇一年後に予想もしなかったであろう機能を果たしたのである。

＊

『遠野物語』九九話にかんする記事は、震災のちょうど一年後、平成二四年（二〇一二）

三月一一日に毎日新聞に掲載された。遠野出身の北川福二という人物が三陸沿岸の田の浜に婿入りし、そこで明治三陸大津波（明治二九年・一八九六年）に遭った。妻と子を亡くし、残された二人の子どもと小屋を建てて住んでいたが、ある夜浜辺で妻の幽霊に遭遇するという話である。

「東日本大震災：悲しみ語り継ぐ　一一六年前の物語、娘へ」という見出しの記事は、北川福二の四代後の子孫が、今回の津波で自宅を流され、母親は行方不明のままであることを伝える。『遠野物語』に福二がその後「久しく煩《わずら》いたり」とあるせいか、父も祖母もこの話をしたがらなかった。しかし、母親だけは「本買え。遠野物語にうちの話がある」「先祖のことだから、しっかり覚えとけ」と教えてくれたのだという。

九九　土淵村の助役北川清という人の家は字火石《ひいし》にあり。代々の山伏《やまぶし》にて祖父は正福院といい、学者にて著作多く、村のために尽くしたる人なり。清の弟に福二という人は海岸の田の浜へ壻《むこ》に行きたるが、先年の大海嘯《おおつなみ》に遭いて妻と子を失い、生き残りたる二人の子とともに元の屋敷の地に小屋を掛けて一年ばかりありき。夏の初めの月夜に便所に起き出でしが、遠く離れたる所にありて行く道も浪《なみ》の打つ渚《なぎさ》なり。

霧の布きたる夜なりしが、その霧の中より男女二人の者の近よるを見れば、女はまさしく亡《し》くなりしわが妻なり。

「膝が悪かった母は裏山への階段を上りきれずに流されたという。がれきだらけの自宅跡に座り込んだ。百余年前の先祖の姿が自分と重なった」。遺体安置所を巡り歩いたが、悲惨な遺体の数かずに、「これ以上遺体を見ると自分がおかしくなると思い、安置所回りをやめた」。この記事には、津波で流された自宅跡で福二の四代目の子孫である男性とその長女が海のほうを見つめる写真が掲げられている。

*

「水たまりに目玉、枕元で『遺体見つけて…』『幽霊見える』悩む被災者」と見出しされた記事が、平成二四年一月一八日付の「産経新聞」に掲載された。

「お化けや幽霊が見える」という感覚が、東日本大震災の被災者を悩ませている、と記事は伝える。そして、震災で多くの死に直面した被災者にとって、幽霊の出現は「心の傷の表れ」だという見方もあり、行政に対応できる部署はなく、親族にも相談しづらいため、宗教界は教派を超えて取り組んでいるという。

一月初旬、仙台市の仮設住宅に住む七〇代の夫婦が市内の浄土宗寺院を訪ねた。いつもどおりあいさつを交わした住職に、夫が「仮設住宅に何かがいる。敷地で何かあったんじゃないかと思う」と「お化け」について相談するのだった。住職は供養に応じ、仮設住宅でお経を唱えると、夫は「誰にも相談できなかったんです」と打ち明けた。

「水たまりに目玉がたくさん見えた」「海を人が歩いていた」という被災者の「目撃談」も絶えないと記事は続ける。遺体の見つかっていない家族が「見つけてくれ。埋葬してくれ」と枕元に現われたという経験をした人もいるのだという。記事はこういった相談にたいする支援の取り組みを紹介し、宮城県栗原市の曹洞宗寺院の住職が、お化けの悩みにかんする講話の際に、「多くの人が亡くなり、幽霊を見るのは当然。怖がらないでください」と講演。さらに住職は「幽霊について悩むことは、亡くした家族のことから少し離れて生と死を考えるきっかけにもなる。そこから生の世界で前に進む姿勢を示せるようになることにつながればいい」と語る。

＊

柳田国男は『妖怪談義』の序文をこういった一節から始めている。「化け物の話を一つ、できるだけきまじめにまた存分にしてみたい。けだし我々の文化閲歴のうちで、これが最も閑却されたる部面であり、従ってある民族が新たに自己反省を企つる場合に、特に意外なる多くの暗示を供与する資源でもあるからである。私の目的はこれによって、通常の人生観、わけても信仰の推移を窺《うかが》い知るにあった」。

　私もこの本で、災害にまつわる妖怪や怪異現象について「できるだけきまじめに」考えていきたいと思う。その資料としては柳田の『遠野物語』と『妖怪談義』『一目小僧その他』を中心にした。そこに登場する妖怪たちが、「目前の出来事」とどのようにかかわるものか見つめてみたい。

一章

河童は死と深く結びつくものであるという事

現在の事実としての河童

遠野駅の北東約六キロ、遠野市土淵《つちぶち》町土淵にある常堅寺《じょうけんじ》の裏手を流れる小川の澱《よど》みは「カッパ淵」と呼ばれる観光名所になっている。淵のほとりには小さな祠が建ち、その両脇に陶製の二体の河童像がある。緑色でひょうきんな顔をした河童の前にはいつもキュウリがお供えされている。

しかし、柳田国男の『遠野物語』を読んだことのある人なら、そこに登場する妖怪たちが決してユーモラスな存在ではないことをよく知っているだろう。東北の厳しい風土のなかで伝承されてきた惨酷な物語の数かず。『遠野物語』におさめられた一一九話の民譚《みんたん》のなかで、河童（＝川童）の名前が最初に登場するのは五五話においてである。しかし川童そのものは姿を現わさず、怪異なものの気配と、その血を引いた子どもの姿が描かれているのである。

一章　河童は死と深く結びつくものであるという事

五五　川には川童《かっぱ》多く住めり。猿ヶ石川ことに多し。松崎村の川端の家にて、二代まで続けて川童の子を孕《はら》みたる者あり。生れし子は斬り刻みて一升樽《いっしょうだる》に入れ、土中に埋めたり。その形きわめて醜怪なるものなりき。女の聟《むこ》の里は新張《にいばり》村の何某とて、これも川端の家なり。その主人人にその始終を語れり。かの家の者一同ある日畠《はたけ》に行きて夕方に帰らんとするに、女川の汀《みぎわ》に踞《うずくま》りてにこにこと笑いてあり。次の日は昼の休みにまたこの事あり。かくすること日を重ねたりしに、次第にその女の所へ村の何某という者夜々通うという噂立ちたり。始めには聟が浜の方へ駄賃附に行きたる留守をのみ窺《うかが》いたりしが、後には聟と寝たる夜さえ来るようになれり。川童なるべしという評判だんだん高くなりたれば、一族の者集りてこれを守れども何の甲《か》斐《い》もなく、聟の母も行きて娘の側に寝たりしに、深夜にその娘の笑う声を聞きて、さては来てありと知りながら身動きもかなわず、人々いかにともすべきようなかりき。その産はきわめて難産なりしが、ある者の言うには、馬槽《うまふね》に水をたたえその中にて産まば安く産まるべしとのことにて、これを試みたれば果してその通りなりき。その子は手に水搔《みずかき》あり。この娘の母もまたかつて川童の子を産みしことありという。二代や三代の因縁にはあらずと言う者あり。この家も如法《にょほう》の豪家にて〇〇〇〇〇と

――いう士族なり。村会議員をしたることもあり。――

夜這いをして女のもとにかよってくる川童の姿は人の目には見えない。女のようすから、夜な夜な家に来ていることはたしかであるにもかかわらず、容姿を詳らかにしない。難産のうえ産まれ出てきた子どもは、手に水掻きがある醜怪きわまりないものであった。女の嫁ぎ先のものはその姿に驚愕し、切り刻んで土の中に埋めた。しかも女の母親もかつては川童の子どもを産んだことがあるのだという。伏せ字で家の名を隠されているが、女の実家は士族で、村会議員を務めた家であった。

『遠野物語』に収録された民譚は、遠野の出身で、当時早稲田大学文学部にかよっていた佐々木喜善《ささききぜん》（鏡石《きょうせき》。一八八六―一九三三）が、柳田の求めに応じて語った話がもとになっている。里の神や家の神、山の神に山人、妖怪、動物、家の盛衰、魂の行方《ゆくえ》というように分類される聞き書きのほとんどは、「むかしむかしあるところに……」で始まる昔話とは一線を画するものだ。

怪異伝承の多くは江戸時代後半に遡れるくらいまでのものがほとんどである。つまりこの本のなかのできごとは、遠野の人びとがつい最近体験したことで占められているの

岩手県遠野市の観光名所「カッパ淵」と河童像

である。なかには新聞の三面記事に載った事件を民譚として収録したものもある。四三話の「上郷村の熊という男」が山で遭遇した熊に挑んだという話は、文中に「一昨年の遠野新聞にもこの記事を載せたり」とあるとおり、明治三九年（一九〇六）一一月二〇日版の同紙に、「熊と格闘」という見出しでほぼ同じ内容が掲載されている。

河童と山人

五五話に続けて、五六話でも川童が出てくる。この話に語られる人物は、川童とのあいだにできた子どもを殺すことはせず、「道ちがえ」に棄てておいたのだという。

五六　上郷村の何某の家にても川童らしき物の子を産みたることあり。確かなる証とてはなけれど、身内真赤《みうちまっか》にして口大きく、まことにいやな子なりき。忌まわしければ棄《す》てんとてこれを携えて道ちがえに持ち行き、そこに置きて一間ばかりも離れたりしが、ふと思い直し、惜しきものなり、売りて見せ物にせば金になるべきにとて立ち帰りたるに、はや取り隠されて見えざりきという。
○道ちがえは道の二つに別るる所すなわち追分《おいわけ》なり。

河童や天狗、あるいは人魚や竜といった妖怪、幻獣の類を「見世物」にすることは、江戸時代からさかんにおこなわれていた。いまも日本各地に残るこういった剥製の数かずは、都市の娯楽として受け入れられてきたものであり、河童のようなポピュラーな妖怪はとくに人気が高かったであろう。また子どもを棄てた追分は、村はずれにあったはずだ。そこには道祖神が祀られ、古い日本人にとって「赤子」はそこからこの世にもたらされると信じられてきた場所である。柳田国男自身が選者のひとりとなって刊行された「炉辺《ろへん》叢書」の一冊『赤子塚の話』（大正九年・一九二〇年）で、柳田は、聖人が土の中から生まれ出たという伝説や、各地に残る「夜啼石《よなきいし》」伝承などから、子を捨てる場所はまた子を拾う場所でもあったと推論する。

――児捨馬場《こすてのばば》が児拾馬場《こひろいのばば》であったごとく、また子売地蔵《こうりじぞう》がやはり子買《こかい》であったごとく、――

死んだ児《こ》の行く処とのみ認められた塞河原《さいのかわら》が、子なき者の子を求め、弱い子を丈夫な子と引き換え、あるいは世に出ようとしてなお彷徨《さまよ》う者に、安々と産声を揚げしめるために、数百年の間凡人の父母が、来ては禱《いの》った道祖神《さえのかみ》の祭場と、根原一つであることが、ほぼ明白になった。つまり我々は皆、形を母の胎《たい》に仮《か》ると同時に、魂を里の境の淋しい石原から得たのである。

（『赤子塚の話』）

柳田は『遠野物語』と相前後して、『後狩詞記《のちのかりことばのき》』（明治四二年・一九〇九年）、『石神問答《しやくじんもんどう》』（明治四三年・一九一〇年）を刊行している。これらの著作のなかで柳田が論証しようとしたのは、日本列島にいま住む「日本人」の以前から、そこに暮らしてきた一群の人びとがいるということであった。そして先住の民はまだ山の中で生活を営んでいることを、各地に伝わる民譚から裏づけようとしたのである。柳田国男が「山人」や「山男」「山姥《やまんば》」と呼ぶのは、こういった人々の生き残りであるとされる。また大正一五年（一九二六）の『山の人生』を分岐点に、柳田が「山人」というテーマとモチーフから距離をおきはじめ、稲作を生業とする農耕民、いわゆる「常民《じょうみん》」の民俗を掘り下げることに専心していったことは多くの学者が指摘することである。『遠野物語』に登場する「川童」と「山人」には、人間の女と交配するという共通点がある。川童とのあいだにできた子どもが平地人によってなきものとされたように、山人もまた平地人の血をひく子どもを殺《あや》めたことである。

六 遠野郷にては豪農のことを今でも長者という。青笹村大字糠前《ぬかのまえ》の長者の娘、ふと物に取り隠されて年久しくなりしに、同じ村の何某という猟師、ある日山に入りて一人の女に遭《あ》う。怖ろしくなりてこれを撃たんとせしに、何おじではないか、ぶつなという。驚きてよく見ればかの長者がまな娘なり。何ゆえにこんな処にはおるぞと問えば、ある物に取られて今はその妻となれり。子もあまた生みたれど、すべて夫が食い尽くして一人かくのごとくあり。おのれはこの地に一生涯を送ることなるべし。人にも言うな。御身も危ふければ疾《と》く帰れというままに、その在所をも問い明らめずして遁《に》げ還《かえ》れりという。

○糠の前は糠の森の前にある村なり、糠の森は諸国の糠塚と同じ。遠野郷にも糠森糠塚多くあり。

五五話の二代以上にわたり川童の子どもを孕んだという女の家が士族であったように、山人に連れ去られた女性は豪農の「まな娘」であった。これはどういったことを意味するのであろうか。

平地人の女性を連れ去って家族にする山人の民譚は七話にも続く。この話は産まれ出た川童を売ろうとしたのと同じ上郷村でおこったことだという。

七　上郷村の民家の娘、栗を拾いに山に入りたるまま帰り来たらず。家の者は死したるならんと思い、女のしたる枕を形代《かたしろ》として葬式を執《と》り行い、さて二三年を過ぎたり。しかるにその村の者猟をして五葉山《ごようざん》の腰のあたりに入りしに、大なる岩の蔽《おお》いかかりて岩窟のようになれる所にて、はからずこの女に逢いたり。互いに打ち驚き、いかにしてかかる山にはおるかと問えば、女の曰《いわ》く、山に入りて恐ろしき人にさらわれ、こんな所に来たるなり。遁げて帰らんと思えど些《いささか》の隙《すき》もなしとのことなり。その人はいかなる人かと問うに、自分には並《なみ》の人間と見ゆれど、ただ丈きわめて高く眼の色少し凄《すご》しと思わる。子供も幾人か生みたれど、われに似ざればわが子にあらずといいて食うにや殺すにや、皆いずれへか持ち去りてしまうなりという。

この民譚は『山の人生』の「一六　深山の婚姻の事」に、ほぼ同じ内容で繰り返される。なお上郷村は遠野の南に位置する村で、五六話の「川童らしき物の子」を追分に棄てたのもこの村の住人だった。五葉山はそのさらに南西に聳える山で、現在の岩手県住田町、釜石市、大船渡市にまたがる三陸沿岸の最高峰（標高一三五一メートル）である。

異形で生れた子どもを平地人も山人も死に至らしめたり、どこかに棄てた。これを先住民と新たな住民の葛藤とみることもできるかもしれないが、「子殺し」や「子棄て」を正当化するのは、現代人の感覚では容易には理解しがたく、抵抗感を覚えることだろう。しかも、土地の名士の家でおこったことだとすれば、なおさら差別的な想像をかきたてられるかもしれない。しかし、柳田は『山の人生』を、奥深い山の中でおこった「子殺し」事件、「現在の事実」として親が子を殺してしまう事態があったという逸話から始めているのである。

山に埋もれたる人生ある事

今では記憶している者が、私のほかには一人もあるまい。三十年あまり前、世間のひどく不景気であった年に、西美濃《にしみの》の山の中で炭を焼く五十ばかりの男が、子供を二人まで、鉞《まさかり》で斫《き》り殺したことがあった。

女房はとくに死んで、あとには十三になる男の子が一人あった。そこへどうした事情であったか、同じ歳くらいの小娘を貰って来て、山の炭焼小屋で一緒に育てていた。その子たちの名前はもう私も忘れてしまった。何としても炭は売れず、何度里に降りても、いつも一合の米も手に入らなかった。最後の日にも空手《からて》で戻って来て、飢えきっている小さい者の顔を見るのがつらさに、すっと小屋の奥へ入って昼寝をしてしまった。

眼がさめてみると、小屋の口いっぱいに夕日がさしていた。秋の末の事であったという。二人の子供がその日当りの処にしゃがんで、しきりに何かしているので、傍へ行ってみたら一生懸命に仕事に使う大きな斧《おの》を磨《みが》いていた。阿爺《おとう》、これでわしたちを殺してくれといったそうである。そうして入口の材木を枕にして、二人ながら仰向《あおむ》けに寝たそうである。それを見るとくらくらとして、前後の考えもなく二人の首を打ち落してしまった。それで自分は死ぬことができなくて、やがて捕えられて牢《ろう》に入れられた。

この親爺《おやじ》がもう六十近くになってから、特赦を受けて世の中に出て来たのである。そうしてそれからどうなったか、すぐにまた分らなくなってしまった。私は仔細《しさい》あってただ一度、この一件書類を読んでみたことがあるが、今はすでにあの偉大なる人間苦の記録も、どこかの長持の底で蝕《むし》ばみ朽ちつつあるであろう。

（一　山に埋もれたる人生ある事）

柳田が「仔細あって」「この一件書類を読んでみたことがあ」るのは次のような理由からである。昭和三三年（一九五八）に出身地、兵庫県の地方紙「神戸新聞」が六〇周年企画として連載した回想録『故郷七十年』（昭和三四年・一九五九年）によると、柳田は法制局参事官を務めていたとき（一九〇二―一四年）に、「特赦に関する事務」を扱っていたという。確定した刑の全部または一部を裁判手続によらず消滅させる「恩赦《おんしゃ》」のうち、「大赦《たいしゃ》」が決められた罪のものは赦すという指示に従えばいいのにたいして、「特赦《とくしゃ》」はそれぞれの犯罪内容を調査検討し、定まった標準や前例に照らして処理しなければならない。関係資料を年中読んでいなければならない仕事であるため、新参の参事官に押しつけられる業務だったが、柳田はそれをおもしろがり、「いつまでもその仕事をやっていて、他人にまわそうとしなかった」。事件の内容に心をひかれて、三〇センチにおよぶ厚さの予審調書に眼を通すなかで、「珍しい話を喋りたくてたまらないものだから」『山の人生』を書いたのだという。

そして「山に埋もれたる人生ある事」の冒頭に掲げた二つの事件は、特赦をあつかっていた柳田にとっていちばん印象深いものであった。先ほどの「第一の話」と「同じ頃の話」として、九州のある村の女が、あまりの貧しさから世をはかなみ、夫と子どもの三人ともに身体を帯で縛り滝壺から身を投げたものの、女だけが助かってしまった事件を続けて紹介している。

「この二つの犯罪を見ると、まことにかわいそうな事実であった。私は誰かに話したくて、旧友の田山花袋に話したが、そんなことは滅多にない話で、余り奇抜すぎるし、事実が深刻なので、文学とか小説に出来ないといって、聞き流してしまった。田山の小説に現われた自然主義というものは、文学の歴史からみて深い意味のある主張ではあったが、右の二つの事例のような悲惨な内容の話に比べれば、まるで高の知れたものである」(『故郷七十年』「山の人生」)。親友である田山花袋の反応にからめて、文学が扱う対象と、「民俗学」が扱う対象には隔たりがあるのだという。柳田の言葉を借りればそれは「偉大なる人間苦の記録」を扱うか、否かということになるかもしれない。

もうひとつ重要なのは、炭焼きの男の、子殺しがおこった時期を、『山の人生』では「世間のひどく不景気であった年」と記しているのにたいして、『故郷七十年』のほうでは「非常な饑饉《ききん》の年」としているところだ。これは「山に埋もれたる人生ある事」と名づけながらも、悲惨で同情すべき子殺しの原因が、農村から山間部にまでおよんだ飢饉であったことを示しているのである。そして柳田は『山の人生』の巻頭におさめたこの一文を次のようにしめくくるのである。

我々が空想で描いてみる世界よりも、隠れた現実の方がはるかに物深い。また我々をして考えしめる。これは今自分の説こうとする問題と直接の関係はないのだ

――が、こんな機会でないと思い出すこともなく、また何人《なんびと》も耳を貸そうとはしまいから、序文の代りに書き残しておくのである。――

柳田国男と飢饉体験

柳田国男とその家族は、柳田が一〇歳になる明治一七年（一八八四）、兵庫県神東郡田原村辻川（現・神崎郡福崎町辻川）から同加西郡北条町（現・加西市北条町）に移り住んだ。ちょうどそのころ、この地方で「おそらく日本における饑饉の最後のもの」がおこり、「貧民窟」の近くに住んでいた柳田はそのようすを目撃した。

町の有力な商家である「余源《ようげん》」は店の前に竈《かまど》を築き、焚き出しをしていた。人びとが土瓶を提《さ》げていくのは、それがお粥ともいえない重湯《おもゆ》のようなものだったからだろう。そういう状況が約一ヶ月も続いた。「饑饉といえば、私自身もその惨事にあった経験がある。その経験が、私を民俗学の研究に導いた一つの動機ともいえるのであって、饑饉を絶滅しなければならないという気持が、私をこの学問にかり立てて、かつ農商務省に入らせる動機にもなったのであった」（『故郷七十年』「饑饉の体験」）。柳田はまだ幼かったが、「子供心に、こうした悲惨事が度々起るのではたまらないと思」い、十三歳のころには飢饉対策にかんする本を手にとった。さらに東京帝国大学法科大学に進学すると、凶作に備えて穀物などを蓄えておく「三倉《さんそう》」（義倉《ぎそう》・社倉《しやそう》・常平倉《じようへいそう》）の研究にうちこんだのである。

柳田国男の飢饉体験といえば、茨城県北相馬郡布川《ふかわ》（現・利根町）に住んでいたとき、近くの地蔵堂でみた「間引きの絵馬」の話がよく知られている。徳満寺《とくまんじ》という寺に掛けられた古い絵馬には、鉢巻を締めた女が生まれたばかりの嬰児を押さえつけ、死に至らしめようとするさまが描かれていた。部屋の障子に映る女の影には角が生え、かたわらには地蔵堂の本尊である地蔵菩薩が立ち、泣いている。「その意味を、私は子供心に理解し、寒いような心になったことを今も憶えている」というのである。

『遠野物語』の舞台である遠野地方も、たび重なる飢饉に苦しめられた地域であった。寛永四年（一六二七）に八戸の領主だった南部直義が鍋倉城主として転封し一万二五〇〇石を与えられて以来、遠野は明治維新までの約二四〇年間、その城下町であった。盛岡城を居城とした南部藩は、江戸時代の初めころは金の産出や、専売品である馬や海産物で栄え、遠野も中継商業の町として発達した。しかし一八世紀になるとあいつぐ凶作や飢饉、貨幣経済の発達により、米の生産量の少ない南部藩の財政は苦しくなる。

寛政七年（一七九五）には、参勤交代の費用や松前出兵の費用を領民の負担でまかなおうとしたため「寛政の大一揆」がおこった。江戸時代、南部藩は全国でも百姓一揆が最も多く、約一五〇回におよんだとされる。その原因のほとんどは凶作や飢饉である。

南部藩を襲った大飢饉は、元禄・宝暦・天明・天保・慶応の五回で、江戸時代における不作年（四分の一減収）は二八回、凶作年（二分の一減収）が三六回、大凶作年（四分の三減収）が一六回もあった。宝暦の大飢饉（一七五五年）の際には、南部藩では五万五〇〇〇人以上の餓死者や病死者を出し、遠野領内でも餓死者が二五〇〇人以上におよび、五〇〇〇人以上の人々が領外に逃亡した。さらに天明の大飢饉のときには、東北地方では毎年の冷害で、米も麦も稗《ひえ》も豆も獲れず、農民はワラやコケ、犬・猫・牛・馬も食べたと伝えられている。なかでも南部藩の被害は甚大で、全人口の二割にあたる二万人の死者を出した。遠野市松崎町宮代地区の道端には「飢饉の碑」が立つ。これは宝暦の大飢饉の餓死者を供養するために造立されたものである。

遠野地方は岩手県のなかでも寒暖の差が激しく、とくに夏に「やませ」と呼ばれる冷たい北東風が吹き続けると低温と日照不足により冷害を招き、農作物に大きな打撃を与えるのである。

このようなやませは、遠野を含む南部藩のみならず、東北地方に凶作と飢饉をもたらし、人々の記憶に深く刻まれた。明治時代以降でも飢饉は、明治五年（一八七二）、明治三五年（一九〇二）、明治三八年（一九〇五）、明治四三年（一九一〇）に発生。大正、そして昭和になってからも大正二年（一九一三）、大正一〇年（一九二一）、昭和六年（一九三一）、昭和八年（一九三三）と断続的に発生した。昭和八年から昭和一〇年（一九三五）にかけて発生した飢饉は、日本史上最後の飢饉といわれている。

苛酷な災害が遠野を襲うのは近世近代にかぎったことではなかった。現在でもこの地方では、毎年五月から九月にかけて、梅雨や台風の影響で河川が氾濫することが少なくない。近年では、昭和五六年（一九八一）八月に襲来した台風一五号では、人命の被害こそなかったものの、市内を流れる河川が氾濫し、河岸の欠損や堤防の破損などにより、岩手県内最大の被害地となった。

飢饉と民譚

ある「鳥」の命名譚である『遠野物語』五二話は飢饉にもふれる。

五二 馬追鳥《うまおいどり》は時鳥《ほととぎす》に似て少し大きく、羽の色は赤に茶を帯び、肩には馬の綱のような縞《しま》あり。胸のあたりにはクツゴコのようなるかたあり。これもある長者が家の奉公人、山へ馬を放しに行き、家に帰らんとするに一匹不足せり。夜通しこれを求めあるきしがついにこの鳥となる。アーホー、アーホーと啼くはこの地方にて野におる馬を追う声なり。年により馬追鳥里に来て啼くことあるは飢饉《ききん》の前兆なり。深山には常に住みて啼く声を聞くなり。

○**クツゴコ**は馬の口に嵌《は》める網の袋なり。

この一話を読むだけでは、なぜ馬追鳥が里にきて啼くことが、飢饉と結びつくのかよくわからない。しかし次の五三話を続けて読むと、ふたつの話がかつての凶作の記憶を暗示しているようにみえてこないだろうか。

五三　郭公《かっこう》と時鳥とは昔ありし姉妹なり。郭公は姉なるがある時芋《いも》を掘りて焼き、そのまわりの堅き所を自ら食い、中の軟かなるところを妹に与えたりしを、妹は姉の食う分はいっそう旨《うま》かるべしと想いて、庖丁《ほうちょう》にてその姉を殺せしに、たちまちに鳥となり、ガンコ、ガンコと啼きて飛び去りぬ。ガンコは方言にて堅い所ということなり。妹さてはよき所をのみおのれにくれしなりけりと思い、悔恨に堪えず、やがてまたこれも鳥になりて庖丁かけたと啼きたりという。遠野にては時鳥のことを庖丁かけと呼ぶ。盛岡辺にては時鳥はどちゃへ飛んでたと啼くという。

○この芋は馬鈴薯のことなり。

食べ物をめぐって妹が姉を殺《あや》めてしまう悲惨な出来事を、鳥という小動物に託して語る。またその食べ物が米や麦ではなく、馬鈴薯であることも重要かもしれない。江戸時代後期の蘭学者・高野《たかの》長英《ちょうえい》（一八〇四―一八五〇）が、天保の大飢饉に際して著した『救荒《きゅうこう》

二物考《にぶつこう》』（天保七年・一八三六年）で馬鈴薯《ばれいしょ》と早蕎麦《はやそば》の栽培をすすめ、貯蔵や調理の方法を説いたように、馬鈴薯は重要な救荒作物（飢饉や災害、戦争に備えて備蓄、利用される代用食物）と認識されていた。そして、勘違いにより姉を殺したことを悔いて啼く鳥の声が、遠野の人びとにいまも聴こえ続けるというのは、どのような意味をもつのだろう。そして「悔恨に堪えず」という言葉もまた、とても重要なのではないか。

棄老伝承も、凶作や飢饉と無関係ではない。土淵町山口の佐々木喜善の生家の南側の丘陵は「デンデラ野（＝蓮台野）」と呼ばれ、棄老伝承の舞台として現在では観光客も訪れる場所である。

一一一　山口、飯豊、附馬牛の字荒川東禅寺《とうぜんじ》及び火渡《ひわたり》、青笹の字中沢並びに土淵村の字土淵に、ともにダンノハナという地名あり。その近傍にこれと相対して必ず蓮《れん》台野《だいの》という地あり。昔は六十を超えたる老人はすべてこの蓮台野へ追いやるの習いありき。老人はいたずらに死んでしまうこともならぬゆえに、日中は里へ下り農作して口を糊《ぬら》したり。そのために今も山口土淵辺にては朝《あした》に野らに出づるをハカダチといい、夕方野らより帰ることをハカアガリというといえり。

上／宝暦の大飢饉の犠牲者を供養するために建てられた「飢饉の碑」
下／棄老伝承が残る土淵の「デンデラ野」

○**ダンノハナ**は壇の塙なるべし。すなわち丘の上にて塚を築きたる場所ならん。堺の神を祭るための塚なりと信ず。蓮台野もこの類なるべきこと『石神問答』中に言えり。

深沢七郎《ふかざわしちろう》（一九一四―一九八七）の小説『楢山節考』は、信州の姨捨山《おばすてやま》に伝わる「姥捨説話」に想を得た作品で、木下恵介、今村昌平が監督した映画も話題になった。しかし、『遠野物語』の民譚もこの「風習」を多くの人が知るきっかけとなったであろう。また「遠野物語拾遺」に収録された人肉食（カニバリズム）をめぐる民譚も、遠野の人びとの飢饉体験と重ねあわせてみることができるのではないだろうか。『遠野物語』は昭和一〇年（一九三五）刊行の新版において、その二年前に四八歳で病没した佐々木喜善の採集した民譚を、柳田自身と、国文学者で口承説話集の編纂者として知られる鈴木脩一《すずきしゅういち》（棠三《とうぞう》、一九一一―一九九二）がまとめた拾遺篇を追加した。その二九六話は遠野地方で五月五日に作る「薄餅《すすきもち》」の由来を語るものである。

「薄餅」は、薄の新しい葉に搗《つ》き立ての水切り餅を包んだもので、餅が乾かないうちに食べると草の移り香がして、なんともいえない風味がある。この餅の由来はこういう話だ。昔あるところにたいそう仲のよい夫婦がいた。夫は妻が織った機を売りに出ると、遠い国まで行って何日も帰ってこなかった。その夫の留守に近所の若者たちが、妻の機織りのようすをのぞき見したり、邪魔をしたりした。妻はそれに耐えきれず、家の前を流れる川に身を投げて死んでしまう。旅から帰ってきた夫は、妻の屍体に取りすがり、昼夜泣き悲しんだ。その後、妻の肉を薄の葉に包んで餅にして食べた。この話は、先年の五月の節供《せっく》に、佐々木喜善の老母たちがその孫たちに語るのを、佐々木が聞いて憶えていたものである。

さらに拾遺篇の二九九話は、七月七日に「筋太《すじぶと》の素麺《そうめん》」を食べる習わしの由来を語るもので、五月節供の薄餅の話の後日譚になっている。死んだ妻の肉を餅にして食べた夫は、屍体から「スジハナギ(筋肉)」だけを特別に取っておいて、七月の七日に素麺のようにして食べた。これがおこりとなり、いまでも遠野ではこの日に、筋太の素麺を食べるのだという。

この二つの話が衝撃的なのは、グロテスクともいえる内容のせいばかりではない。「遠野物語拾遺」は二九九の民譚が収録されており、つまりこの二つの話は、増補版『遠野物語』のラストを飾るものなのだ。増補版の執筆編集には柳田と鈴木脩一のほかに、拾遺篇の刊行を勧め、解説を書いた折口信夫《おりくちしのぶ》(一八八七―一九五三)も関与している。この三人のうちのだれが主導したにせよ、民譚の配列とその順序は、非常に意識的なものだったろう。すると、増補版が人肉食の話で閉じられていることに、なにかしらの意味を感じてしまうのである。

河童とザシキワラシ

遠野の河童に話を戻そう。

数多くの民譚を柳田に話し聞かせた佐々木喜善は、遠野の怪異のなかでもとくにザシキワラシの存在にひきつけられていたようだ。佐々木は蒐集した資料をもとに考えると、ザシキワラシの正体は河童だという説が最も多いというのである。『遠野物語』の本篇にはザシキワラシの話は二話おさめられているが、まずそのふたつを紹介しておこう。

一七 旧家にはザシキワラシという神の住みたもう家少なからず。この神は多くは

一章
河童は死と深く結びつくものであるという事

十二三ばかりの童児なり。折々人に姿を見することあり。土淵村大字飯豊《いいで》の今淵勘《いまぶちかん》十郎《じゅうろう》という人の家にては、近き頃高等女学校にいる娘の休暇にて帰りてありしが、ある日廊下にてはたとザシキワラシに行き逢い大いに驚きしことあり。これはまさしく男の児なりき。同じ村山口なる佐々木氏にては、母人ひとり縫物しておりしに、次の間にて紙のがさがさという音あり。この室は家の主人の部屋にて、その時は東京に行き不在の折なれば、怪しと思いて板戸を開き見るに何の影もなし。暫時《しばらく》の間坐りておればやがてまたしきりに鼻を鳴らす音あり。さては座敷ワラシなりけりと思えり。この家にも座敷ワラシ住めりということ、久しき以前よりの沙汰《さた》なりき。この神の宿りたもう家は富貴自在なりということなり。

○ザシキワラシは座敷童衆なり。この神のこと『石神問答』中にも記事あり。

一八　ザシキワラシはまた女の児なることあり。同じ山口なる旧家にて山口孫左衛門という家には、童女の神二人いませりということを久しく言い伝えたりしが、ある年同じ村の何某という男、町より帰るとて留場《とめば》の橋のほとりにて見馴れざる二人のよき娘に逢えり。物思わしき様子にてこちらへ来る。お前たちはどこから来たと問えば、おら山口の孫左衛門が処から来たと答う。これからどこへ行くのかと聞けば、それの村の何某が家にと答う。その何某はやや離れたる村にて、今も立派に暮せる豪農なり。さては孫左衛門が世も末だなと思いしが、それより久しからずして、この家の主従二十幾人、茸《きのこ》の毒に中《あた》りて一日のうちに死に絶え、七歳の女の子一人を残せしが、その女もまた年老いて子なく、近き頃病みて失せたり。

いま多くの日本人が抱くザシキワラシのイメージは、右の二話によって形づくられたといっても過言ではない。これにたいして、佐々木喜善は「ザシキワラシの話」（大正一三年・一九二四年）において採集した数多くの民譚のなかから、「カッパとザシキワラシは同じものだ」という証言を列挙している。

土淵の阿部という旧家の座敷にいたものは、近所の淵から上ってくる「フチサル（淵猿）」だという。この「フチサル」は河童の異名のようだ。別の話では、ある山里で仏事かなにかのおりに、遠くの寺の和尚を迎えにいって馬に乗せてくると、ある淵の岸の岩の上に「変な子供」が遊んでいたことがある。馬子（馬方。馬のひき手）が「あそこにカッパがいます」と言うと、和尚は「いや、あれはカッパではない。フチサルというものだ」と言った。阿部家のフチサルは火事の後いなくなったというが、下閉伊郡黒崎の金子という家にもこれに似た話が伝わる。この家の邸内には清水の湧き出る池があり、そこに住む河童がときどき座敷に上がり込んで、枕返しのような芸当をやるのだという。また同郡山田町東林家のものは、海から上がってくるカッパであるという。

また同郡大川村字釜津田の佐々木三造は言う。「ザシキワラシとカッパは同じものだ。村の佐々木久太という男が、大川の水中に兎のようなものがいるので、石を投げつけてきた。するとその夜、そいつが寝室に忍び込んできて、布団の上から押しつけてくるのに苦しめられた。けれども努力して起き上ってみると、そいつはツルリと滑って逃げて行った」。また同村の佐々木六三郎という老人も、「ザシキワラシとカッパは同じで、髪が赤くて頭の上に皿を乗せたようなものだ。魚の油を使っていた時代には、その油を舐めによく人の家に入ってきたのを見た」と言う。同じことは村の佐々木久松の家などにもあった。

ザシキワラシの正体が河童だというと意外に聞こえるかもしれない。しかし、民俗学者の千葉《ちば》徳爾《とくじ》も、ザシキワラシの出自を説くほとんどが、「水中から来た」といい、その分布は古い生活様式を残す猿ヶ石川、小本川の沿岸地域であると述べる。また、旧家がその歴史とザシキワラシを結びつけて伝承するのは自然なことであり、北上川山地南部では「住民の間には水の神からおくられた小童の存在を以て、自らの家の富と古さとを誇る者が多かった」と指摘する。いっぽう、早くに交通路がひらけ、経済的にも産業的にも新しい文化に接しやすかった北上川流域では、ザシキワラシもその影響を蒙り、「赤顔垂髪」という「河童に近い姿」から、「フェアリイのように色白く愛らしい小童の姿に美化して想像されるようにな」った。そしてザシキワラシと水神との関係が忘れられてしまったのではないかと推論する。

遠野の河童やザシキワラシは、柳田が主張するように「零落した神」とみることもできるが、共同体や家族にとって生々しい記憶を宿していることはたしかなようだ。河童のなかにはさらに山と川を行き来するものも多くあった。

日向では川童をまたヒョウスンボという者が多く、それはこの啼声から出た名だと今でもいうが、百数十年以前の『水虎考略』にもその事はすでに述べてあるのみならず、一方には太宰府《だざいふ》の天満宮境内を始めとし、川童を社に祀ってヒョウスエの神といった例は九州に数多く、またそのヒョウスエの神の名を唱えて、川童除《よ》けの呪《じゅ》文《もん》とした歌は全国に流布している。すなわちかつてある一種の冬鳥の渡りの声を聴いてそれを水の霊が自ら名のる名のごとく思った者が、かなり古くからあったことが推測せられるのである。鳥の習性には、時代の変化が尠《すくな》く、同じ現象は何千年もくり返されているだろうが、ただそれだけではむろんこんな俗信は発生しない。今でも田の神が春は山より降り、秋の収穫が終ると再び帰って山の神になるという信仰が、国の隅々に残っているように、神は年ごとに遠い海を越えて、島の我々を幸福にしようとして、訪れ来るものという考えが、夙《はや》くから渡り鳥の生態を極度に神秘化していたのであって、川童もムナグロの声も、いわば無意識に保存していた古い記録の消え残りに他ならぬのではなかろうか。

（「川童の渡り」昭和九年）

山と川を行き来するといえば、柳田国男が『先祖の話』（昭和二〇年・一九四五年）で詳しく論じた「祖霊」の動きを思い浮かべることもできる。

河童はたびかさなる飢饉の際に、里の境に棄てられた赤子、あるいは間引きされた嬰《みど》児《り》の記憶が反映しているのではないか。旧家や名士の家が河童やザシキワラシの伝承をよく残しているのは、貧しい農家ばかりではなく立派な家が傾くくらい、過酷な飢饉が繰り返し訪れたことを語っているのだろう。遠野の河童は幼くして死に至らしめられ、血をつなぐことなく他界した祖先の霊であるとは考えられないだろうか。

河童駒引き

柳田国男は河童の特徴として、馬を川や沼に引きずり込もうとする性格も重視した。いわゆる「河童駒引き」説話である。

五八　小烏瀬川《こがらせがわ》の姥子淵《おばこふち》の辺に、新屋《しんや》の家という家あり。ある日淵へ馬を冷やしに行き、馬曳《うまひき》の子は外へ遊びに行きし間に、川童出でてその馬を引き込まんとし、かえりて馬に引きずられて厩《うまや》の前に来たり、馬槽に覆われてありき。家の者馬槽の伏せてあるを怪しみて少しあけて見れば川童の手出でたり。村中の者集りて殺さんか宥《ゆる》さんかと評議せしが、結局今後は村中の馬に悪戯《いたずら》をせぬという堅き約束をさせてこれを放したり。その川童今は村を去りて相沢の滝の淵に住めりという。

○この話などは類型全国に充満せり。いやしくも川童のおるという国には必ずこの話あり。何のゆえにか。

「類型全国に充満せり」という注記を証明するように、柳田は『山島民譚集』（大正三年・一九一四年）の前半に「河童駒引」という章を設けて、類似した数多くの民間説話を収録した。また民俗学者によって採集された「河童駒引伝承」は、隣接する領域でも注目を集め、文化人類学者・民族学者の石田英一郎は『河童駒引考――比較民族学的研究』（昭和二三年・一九四八年）を著して、同様の神話や説話がユーラシア大陸各地におよぶことを論じたのであった。

そもそも柳田にとって河童は幼いころから身近な妖怪だった。

川童《かっぱ》を私などの故郷ではガタロすなわち川太郎と申しました。家が市川の流れと渡しに近かったために、その実害は二夏と途絶えたことはなく、小学校の話題は秋のかかりまで、ガタロで持ち切りという姿でありました。

一章　河童は死と深く結びつくものであるという事

――（『妖怪談義』「自序」昭和三一年）――

柳田が生まれた播州辻川の西側には、市川が南北に流れている。市川の川べりに「駒ヶ岩」という大きな岩があり、その周りは「蒼々とした淵」になり、そこで子供がよく死んだと、柳田は『故郷七十年』のなかでも回想している。柳田自身もそこで死にかかった経験があり、「水が渦を巻いているので引き込まれるが、あわてないで、少しじっとしていると、流れのままにまに身体が運ばれ、浅瀬へ押し流されて、浮び上ることができる。そこであまりバタバタすると、渦の底へ引きこまれてしまうのだった」。

柳田国男は一二歳になる年、父母のもとを離れ、茨城県布川で医院を開業する兄・鼎《かなえ》のもとに移り住むこととなった。兄が借り受けていた家の古い土蔵には夥しい数の本が所蔵されていたが、そのなかに赤松宗旦《あかまつそうたん》（一八〇六―一八六二）が安政五年（一八五八）に公刊した『利根川図志』があった。この本は利根川流域の寺社・名所旧跡・物産・民俗・自然などの分野にかんする挿絵入りの地誌で、昭和一三年（一九三八）に柳田が校訂して岩波文庫から出版された。「『利根川図志』の著者赤松宗旦翁の一家と、この書の中心になっている下総の布川という町を、私は少年の日からよく知っている。この書が公けに

上／河童が馬を川に引きもうとした遠野の「姥子淵」
下／柳田国男が子どものころに川遊びをした市川べりの「駒ヶ岩」

せられた安政五年から、ちょうど三十年目の明治二十年の初秋に、私は遠い播州の生れ在所から出てきて、この地で医者をはじめた兄の家に三年ばかり世話になった。そうして大いなる好奇心をもって、最初に読んだ本がこの『利根川図志』であった」(『利根川図志』解題)。

『利根川図志』に描かれた江戸時代の布川が、利根川水運の河岸町として賑わいを見せていたことは柳田を大いに驚かせたことだろう。こういった交通の要衝として栄えた宿場や港の記述はもちろんこと、国男少年の心を揺り動かしたのは、そこで暮らした人びとの苦難であり、そこに棲む異形の動物や奇怪な妖怪たちの姿ではなかったか。「望海毎談に、刀祢川《とねがわ》に子《ね》ヽコ《ねこ》といえる河伯《かっぱ》あり。年々にその居る所変る。所の物どもその変りて居る所を知る。その居る所にては人々禍《わざわい》ありといえり。げにカッパの害ある談《ものがたり》多し」。

いっぽう『妖怪談義』に収められた「川童祭懐古」(昭和一一年・一九三六年)のなかで柳田が展開する河童と人間の交渉史も、興味深い内容を含むものだ。柳田はまず「この水底の童子の援助の下に、家が富み栄えたという話」が各地に伝わっていることを指摘する。河童は人に害をおよぼすばかりではなく、「接するにその道をもってすれば、恩恵を示した時代」もあった。また現在に至るまでのあいだには、河童が「悪戯して、人を揶揄《やゆ》した段階も長かった」。河童が人間に害をしないと約束した話、川や沼に馬を引き込もうとして失敗して、詫びて「怠状《たいじょう》（詫び証文）」を書いたり、骨継ぎの秘薬を教えたという例も数十はあると述べる。

岩手県北上市の「染黒寺《せんこくじ》」には「河童の詫び状」と「河童の肋骨証文《ろっこつしょうもん》」が残されている。江戸時代の中頃、北上川の巻淵に棲んでいた河童が悪事をはたらいているところを染黒寺の住職が見つけて捕まえ、今後は悪事をしないことを河童に約束させ詫び状をとり、手形の代わりに肋骨で判を押させたという。染黒寺では水難事故が起こらぬようにと願い、いまでも毎年一〇月一〇日に詫び状を開帳して河童供養をおこない、地域の人びとが集う。

河童は畠の作物のなかでも、とくに瓜類を好んで、夜中に出てきては食い荒すといわれる。また人間のほうでも、初生《はつな》りの瓜類を串《くし》に刺し、畠の端に立てて河童の機嫌を取ったのである。おそらくそれは河童にたいする供物の意味があったはずであるし、六月の川祭りの行事となっているところもしばしばみられる。

河童の名前は全国を通じて「河」あるいは「川」の字と、子供という意味の言葉をつけた「カワランベ（河童）」「カワコゾウ（河小僧）」「カワタロ（河太郎）」などが三十種以上におよぶと柳田は指摘する。またそのほかに、能登半島の東海岸と鹿児島県の南薩摩湾の指宿あたり、北の津軽の北端から北海道にかけてM音ではじまる別系統の名前が残っているという。

能登では「ミズシン」といい、「水の神様」すなわち「ミズシン（水神）」から来ているらしい。鹿児島では「ミツドン」といい、「虬《みずち》」のことだという。虬は虫扁であることから、土地では蛇の一種だと思っているらしいが、やはり「ミズシン」と関係があるようだ。青森県には「メドチ」という言葉が残る。弘前出身で幕末から明治の画家で国学者であった平尾魯仙《ひらおろせん》（一八〇八—一八八〇）は『谷の響』のなかにメドチのことを詳しく書いている。魯仙は河童とは異なるメドチという動物がいるように書かれているが「メドチ」「ミズシン」「ミッドン」は、ほかの地方の河童と同じような性格や話をもってい る。日本の北と南と中央と、離れたところにM音で始まる似た名前があるというだけで も、河童のことを「水神《みずしん》」といった時代のあっただろうことが証明できるという。また 「メドチ」「ミズチ」などの「ち」は、「霊あるもの」を意味し、「虬」は「水の霊」のこ とであろう。

柳田は『妖怪談義』のなかで、妖怪は「零落した神」であると定義した。河童も同様 で、かつて「水神」として信仰を集めた神が、近世の都市で娯楽化され、おもしろおか しい存在として大衆に浸透したとみなした。

文学に川童が二度目の登場をしたのは泉鏡花さん、故芥川竜之介氏などのお骨折 であって、ご両所とも私たちの川童研究から、若干の示唆を得たように明言せられ ているのは光栄のいたりだが、遺憾に思うことはまだ少しばかり、川童を馬鹿にし てござる。おそらくは幼少の頃に見られた近代の絵空事《えそらごと》の影響で、あれでは我々の 胸に描くところの水の童子と、相去ること遠きはもとより、普通の村の人の考えて いるものよりまだみっともない。やはり例の化競丑満鐘《ばけくらべうしみつのかね》の類の文学に、「かっぱと伏して泣きたまう」などとしゃれ飛ばした図柄の、延長としか見られないのである。笑っちゃいけませんといいたいくらいのものである。

（「川童祭懐古」）

河童が神霊の座から落ちこぼれていったのは、河童の側にも責任の一端があると柳田は指摘する。精霊が零落していくときによくあることとして、河童は「化物根性」を発揮しすぎた。河童は水にかかわるすべての信仰を守る神であったにもかかわらず、存在を否認しようとすれば現われて人を驚かすもの、と考えられるようになってしまった。そして現在では、河童が活躍する範囲はかぎられ、しかも畏怖や恐怖の対象でもなくなりつつある。

「水」がもたらす災いは現実にいまもあり、地方によってはその要因を河童にもとめるために、その部分だけが強調されて伝わってきてしまった。そして河童を現在イメージされるような「滑稽な化け物」にしてしまったのは「国民としても少しく心苦しい次第だ」と柳田は嘆くのである。

志木の河童伝説

『山島民譚集』の「河童駒引」には次のような河童の話が収録されている（原文の片仮名を平仮名に替えた）。

東京近傍においては武蔵北《きた》足立《あだち》郡志木《しき》町、旧称を館《たて》村と称す地において、引又川《ひきまたがわ》の河童宝幢院《ほうどういん》の飼馬を引かんとして失敗す。馬の綱に搦《から》められて廐《うまや》の隅に倒れ馬に蹴られており。和尚の顔を見て手を合わすゆえに、同じ誓言をさせて後これを宥《ゆる》す。この河童も甲斐、飛騨その他の同類のごとく、翌日の夜明けに大なる鮒《ふな》を二枚和尚の枕元に持ち来たり、当座の謝意を表したりといえり〔寓意草《ぐういそう》上〕。僧侶に魚を贈るがごとき、無意味なる因習に拘束せらるるを見ても、河童が決して新奇なる妖怪にあらざりしを察し得べし。

（『山島民譚集（一）』）

文中に記されているように、『寓意草』という本に収められた説話である。『寓意草』は、「寛政の三奇人」のひとり林子平《はやししへい》の父で幕臣であった岡村良通《おかむらよしみち》（一六九九—一七六七）による奇事異聞を集めた随筆集で、江戸期の随筆のなかでもとくに異彩を放つものと評価される。

河童を赦した和尚がいた宝幢院は、志木市柏町にある宝幢寺のことで、境内にはいま石造りの河童像が立ち、参拝者を出迎えてくれる。志木は、東京池袋から東武東上線の急行に乗ると約二〇分、荒川流域に属する荒川・新河岸《しんがし》川・柳瀬《やなせ》川の三本の川が町を流れている。江戸近郊の水運の要衝として繁栄したいっぽう、河川の近くにある農家は氾濫への対策にいつも頭を悩ませてきた。なかでも荒川は「荒ぶる川」であり、鴨長明も『発心集』のなかに「武州入間河沈水の事」として、建暦二年（一二一二）に荒川の支流である入間川でおこった洪水について綴っている。

近代以降でも明治四三年（一九一〇）の大洪水は、利根川の洪水と合わせて埼玉県内の平野部全域を浸水させ、甚大な被害をもたらすものであった。埼玉県内での被害は、堤防決壊三一四ヶ所、死傷者四〇一人、住宅の全半壊・破損・流失一万八一四七戸、農産物の損害は現在の資産価値で一〇〇〇億円にものぼったという。志木市の宗岡《むねおか》村（当時）

の被害は、全村二三〇町歩米作無収穫、一五〇町歩の秋作全部腐敗。家屋の流出三三戸、倒壊、住宅四八棟、納屋四六棟。その他貯蔵穀類、玄米一〇〇〇俵（四五〇石）、大麦二〇〇〇俵（一〇〇〇石）などと記録に残る。降雨は一六六日間にもおよび、志木市本町一丁目より浦和市（現・さいたま市）別所方面まで一面湖水と化し、宗岡全土が水没。その水位は天井まで達したという。

日本列島はその地形と開発の歴史の宿命から、河川の氾濫は最も頻繁におこり、恐れられた災害であった。このため日本の各地で、洪水に対処するため地域社会での応急処置や技術、水防組織も発達してきた。災害は対処の仕方によっては、地域発展の動機になることもあった。

志木市の宗岡地区は荒川と新河岸川に挟まれた低地にあるため、しばしば洪水にみまわれてきた。地区の農家では江戸時代の初期頃から「水塚《みづか》」という建物を建てて、水害に備えてきたのである。

水塚とは、屋敷内の一部に宅地よりも一メートルほど高く土盛りをして、その上に倉などの建物を設けたもので、米や味噌や醤油、家々の大事な財産を納めるとともに、水害時に避難し、しばらく生活できるようにした水防施設である。このような水防施設は志木のほかにも、荒川流域の川島町、富士見市南畑、朝霞市内間木など、また木曾川下流や利根川中流など各地で見ることができる。木曾川流域で「水屋《みずや》」、淀川中流部で「段蔵《だんくら》」や「段倉」、信濃川中流で「水倉」と呼ばれる建物も、荒川流域の「水塚」と同様の機能をもつものである。

志木市中宗岡地区の農家の一軒は水田の中に建ち、二つの水塚をもつ。母屋の横に建つ水塚は、米を備蓄した蔵だといい、その壁面には明治四三年の水害の染みが残っている。母屋の奥にはもうひとつ水塚が建ち、こちらは麦を貯えたのだという。素朴なしつらえは小さな神社の拝殿を思わせるような美しさを感じさせるもので、米の蔵よりさらに高い盛り土のうえに建てられている。また納屋の天井には、水害から避難するための木舟が二艘吊るされていた。

宗岡地区を襲った大水害は、明治以降では昭和十六年（一九四一）にもあった。しかし、水害の記憶と水塚の由来を語り伝えることができる人は、年ごとに少なくなってきているのだという。地元のNPO法人、エコシティ志木が発行した『水塚の文化誌』には、歴史によって培われてきた水害にたいする知恵や、生々しい体験談が記録されている。河川が氾濫すると田んぼに「エグミ」と呼ばれる肥えた土が入るため上質の米がで

上／埼玉県志木市中宗岡にある「水塚」
下／水塚を構える民家の納屋に吊るされた2艘の木舟

きる。また、上流から流れてくる杉丸太や家財道具などを集めて、自分たちのために役立てた。洪水は甚大な被害をもたらすいっぽう、地域に恩恵をもたらすものでもあった。また、流れてきた死体が岸に流れ着くと、その地域で弔わなければいけないので、死体を棒で押し流したこともあったという。江戸市中において、川の上流から流れてきた水死体を神に祀りあげるという民間信仰があった。水害で行方不明になったものの霊魂も、共同体や家族にとって頭を離れないことであったろう。

不在者の生死ということは非常に大きな問題であった。どうせないのは同じだと、言ってすませるわけにはいかなかった。生者と死者とでは、これに対する血縁の人々の仕向けが、正反対に異ならねばならなかったからである。生きている者の救済も必要ではあるがこれはおもむろに時節を待っていることもできる。これに反して死者は魂が自由になって、もう家の近くに戻って来ているかも知れぬ。処理せられぬ亡魂ほど危険なものはなかった。あるいは淋しさのあまりに親族故旧を誘うこともあり、または人知れぬ腹立ちのために、あばれまわることもしばしばあった。

（『山の人生』「一五　生きているかと思う場合多かりし事」）

水田に浮かぶ島のような民家と水塚

河童は水を恵み、また洪水をもたらす水の神であったろう。それがやがて馬を水の中に引きずり込む、困った妖怪だとみなされることもあった。そして洪水の際に、共同体の外側から流れてくる水死体にたいする、うしろめたさの感情を形にしたものであったかもしれない。「三河の北設楽郡では、水死人などがあった時には、日を定めてミサキ送りを行うた。ミサキはこの地方では変死人の亡霊のみをいい、それが迷うて村の内に残るのを怖れてこれを送ったのである」「ミサキという語を土地によっていろいろの意味に用いるが、概していえば眼に見えぬ精霊で触るれば人を害するものであった」（「神送りと人形」昭和九年・一九三四年）。

河童もほんらい眼に見えぬものであった。それを日本の古い人びとはよくわきまえていた。だからこそ、河童を見てしまう自分の心の物深さを強く怖れたのであった。

二章

天狗が悪魔を祓うといまも信じられている事

遠野の天狗

二九　雞頭山《けいとうざん》は早池峯の前面に立てる峻峯《しゅんぽう》なり。麓《ふもと》の里にてはまた前薬師《まえやくし》ともいう。天狗《てんぐ》住めりとて、早池峯に登る者も決してこの山は掛けず。

『遠野物語』本篇で、天狗が登場する民譚は二九話、六二話、九〇話の三話である。二九話の舞台である雞頭山は、附馬牛町の北側に位置する薬師岳（標高一六四四メートル）とみられる。同じ名前の山が稗貫《ひえぬき》郡大迫《おおはさま》町と下閉伊郡川井村の境にもあるが、遠野郷と早池峰山のあいだに聳《そび》える薬師岳のほうが、伝承が語る内容にふさわしいからである。二つの山はともに、北上山地の最高峰で、この地方の中心的霊山である早池峰山（標高一九一七メートル）の前に控える。しかしそこは天狗が住むため、早池峰に登るものもこの山に登ることは避けたというのである。二九話は続けて、雞頭山の天狗のようすを描く。

山口のハネトという家の主人、佐々木氏の祖父と竹馬の友なり。きわめて無法者にて、鉞《まさかり》にて草を苅り鎌にて土を掘るなど、若き時は乱暴の振舞《ふるまい》のみ多かりし人なり。ある時人と賭《かけ》をして一人にて前薬師に登りたり。帰りての物語に曰く、頂上に大なる岩あり、その岩の上に大男三人いたり。前にあまたの金銀をひろげたり。この男の近よるを見て、気色《けしき》ばみて振り返る、その眼の光きわめて恐ろし。早池峯に登りたるが途《みち》に迷いて来たるなりと言えば、しからば送りてやるべしとて先に立ち、麓近き処まで来たり、眼を塞《ふさ》げと言うままに、暫時そこに立ちている間に、たちまち異人は見えずなりたりという。

「ハネト」の主人は恐れ知らずにも、「天狗」が住む前薬師に登ってみせることを賭けの対象にした。ところが山頂には三人の「大男」がいた。男たちは異様な眼の輝きをしていたが、麓の近くまで送ってくれた。そして眼を閉じているあいだに「異人」は姿を消してしまった。

短い民譚のなかで「天狗」「大男」「異人」という言葉が用いられているが、柳田国男が『遠野物語』をはじめとする初期作品で描いた天狗には、山の中にずっと住み続ける山人＝先住民のイメージが強い。「山人」の問題についてはあとで触れるとして『遠野物語』におさめられた天狗の話を続けよう。

六二話は、六〇話、六一話と続けて、数十年にわたって猟を続けている「和野《わの》村の嘉兵衛爺」が山中で体験した怪異譚である。六〇話は、雉子《きじ》を追う狐を撃とうとしたところが銃口に土が詰められていたため、引き金を引いても撃てなかった話。六一話は、六角牛山で神とされる白い鹿と遭遇し、魔除けに用意していた黄金の弾で撃ったものの、鹿は石の見誤りだったという話。そして六二話である。

六二　また同じ人、ある夜山中にて小屋を作るいとまなくて、とある大木の下に寄り、魔除けのサンズ縄をおのれと木のめぐりに三囲《みめぐり》引きめぐらし、鉄砲を竪《たて》に抱えてまどろみたりしに、夜深く物音のするに心付けば、大なる僧形《そうぎょう》の者赤き衣を羽のように羽ばたきして、その木の梢に蔽《おお》いかかりたり。すわやと銃を打ち放せばやがてまた羽ばたきして中空を飛びかえりたり。この時の恐ろしさも世の常ならず。前後三たびまでかかる不思議に遭い、そのたびごとに鉄砲を止めんと心に誓い、氏神に願掛けなどすれど、やがて再び思い返して、年取るまで猟人《かりゅうど》の業を棄つることあ

たわずとよく人に語りたり。

二九話の大男たちが、岩の上で金銀をひろげ、恐ろしい眼光であったという特徴しか描かれなかったのにたいして、六二話のほうは大柄の僧形で、赤い衣を羽のように翻して空を飛ぶなど、現代の日本人がイメージする天狗らしさを備えている。三つ目の九〇話では、恐るべき「異人」としての天狗が、「天狗森」にいることが記される。天狗森は遠野市西部、松崎町の北側にそびえる「天ヶ森」（標高七五六メートル）のことだとされる。森の名が示すとおり、薬師岳と比べるとそれほど高い山ではないが、麓の里に住む人々にはその奥深さによって古くから畏れられていたのであろう。

九〇 松崎村に天狗森《てんぐもり》という山あり。その麓なる桑畠にて村の若者何某という者、働きていたりしに、しきりに睡《ねむ》くなりたれば、しばらくは畠《はたけ》の畔《くろ》に腰掛けて居眠りせんとせしに、きわめて大なる男の顔は真赤なるが出で来たれり。若者は気軽にて平生相撲《すもう》などの好きなる男なれば、この見馴れぬ大男が立ちはだかりて上より見下すようなるを面悪《つらにく》く思い、思わず立ち上りてお前はどこから来たかと問うに、何の答もせざれば、一つ突き飛ばしてやらんと思い、力自慢のまま飛びかかり手を掛けたりと思うや否や、かえりて自分の方が飛ばされて気を失いたり。夕方に正気づきて見ればむろんその大男はおらず。家に帰りて後人にこの事を話したり。その秋のことなり。早池峯の腰へ村人大勢とともに馬を曳《ひ》きて萩《はぎ》を苅りに行き、さて帰らんとする頃になりてこの男のみ姿見えず。一同驚きて尋ねたれば、深き谷の奥にて手も足も一つ一つ抜き取られて死していたりという。今より二三十年前のことにて、この時の事をよく知れる老人今も存在せり。天狗森には天狗多くいるということは昔より人の知るところなり。

天狗に遭遇した若者はすでに死んでしまっているから、天狗の容貌は、生前に仲間たちに語っていたものであろう。名を伏されたこの若者は、うまく言い逃れて無事に帰ったハネトの主人や、銃弾で撃ち落とそうとした和野村の嘉兵衛爺と異なり、天狗に素手で喧嘩を挑んだ。その日はなんとか無事に帰ったものの、後日になって不可解で不気味な死を遂げたのである。

柳田国男の天狗にたいする関心は、明治三八年（一九〇五）の「幽冥談《ゆうめいだん》」においてすで

『遠野物語』では「天狗森」と呼ばれる「天ヶ森」

にみられる。短篇は柳田の民間伝承にかんする著作のうち最も初期に位置するもので、国木田独歩《くにきだどっぽ》が主宰する雑誌「新古文林《しんこぶんりん》」に発表された。明治三八年といえば柳田はまだ三一歳、法制局参事官を務めていた時代である。『石神問答』『遠野物語』『時代ト農政』から数年遡るこの異色作のなかに、池原香雅《こうが》という歌人が播州の宇野の近くで出会った天狗の話が出てくる。ある日の夕方、池原が道連れになった旅の僧と言葉を交わしながら野の中を歩くうちに「全体貴下《あなた》はどこへお出《いで》になるのですか」とたずねてみると、「私はあすこの穢れた村を焼きに行くのだ」という。

> あれをご覧なさい、あすこに燈火《ともしび》が二つ点《つ》いている。右の方の光りは非常に清らかだが、左の方の光は穢れていると言うから見たけれど分らない。それであの村を焼いてしまわなければならぬというて、ちょいと指したところがたちまち村は焼けた。

柳田は池原が目撃した怪異を、「これらは事実であろうと思う」と述べる。しかも「明治十年まで生きておった人だから、その人が若い時といっても四五十年前のことであろう、その時分にもそういう不思議な事を吾々が目撃することがあったのである」といって疑おうとしない。

この著作で柳田が明らかにしようとしたのは、「幽冥教」すなわち、天狗信仰の歴史であった。この世の中は「現世（うつし世）」と「幽冥（かくり世）」から成立している。しかし、かくり世からうつし世を見聞することはできても、うつし世からかくり世を見ることはできない。柳田は、この二つの世界が交わるところに、天狗に代表される土俗的な民間信仰を位置づけるのである。そして神道をはじめ、キリスト教や仏教が衰微する時代には「いつでも天狗が暴れる」。「戦乱がある間際になると非常に天狗が暴れる。むしろ戦乱をもって天狗のなさしむるところだという説もたくさんある」と指摘する。

天狗の定義

ここで改めて天狗とはなにかについて確認しておくことにしよう。
天狗にはまず「大天狗」と「小天狗」の二種類がある。大天狗は鼻が高く、山伏のような出で立ちで高下駄を履き、羽団扇《はうちわ》をもって空中を自在に飛びまわる。小天狗も出で立ちは大天狗と変わらないものの、烏《からす》のような嘴《くちばし》で背中に翼を生やしていることから「烏天狗」とも呼ばれる。

中世末期から近世に成立したとされる『天狗経』には、愛宕《あたご》山太郎坊（京都）、比良《ひら》山次郎坊（滋賀）、飯縄《いづな》山飯綱三郎（長野）、大峰前鬼《ぜんき》（奈良）、鞍馬山僧正坊（京都）など四八の大天狗の名が記される。つまり天狗の歴史は、修験道の盛衰と重なるものだとみることもできる。また天狗の図像において、鼻高は伎楽面のうちの胡徳《ことく》面、烏天狗は仏教の迦楼羅《かるら》の影響をみる向きもある。

また信州の飯縄山、静岡の秋葉《あきば》山、東京の高尾《たかお》山などに祀られる飯綱（縄）権現は、烏の嘴をもち、狐の背に乗ることから、仏教の荼枳尼《だきに》天や、修験道の主尊格である不動明王、そして天狗などが習合したものとみることができる。

柳田国男は明治四二年（一九〇九）に雑誌「珍世界」に発表した「天狗の話」でも天狗の歴史にふれ、「天狗国」や「天狗道」という言葉について定義を試みている。

日本には、「利口な人」が集まり、「奇妙な物語を喜び、……空虚を談ずる」、「デカダン気風」の時代があった。この時代のことを「今昔時代」と呼び、天狗伝説が大いにさかんだったのもこのころだ。今昔時代には鬼と天狗は別種の魔物だと考えられ、それぞれに偉大な勢力を振るっていた。その後「鬼党」は零落し、「幽霊亡霊」の階級まで退却したが、「天狗国」は久しく栄えて、田舎《いなか》や山間を支配した。「天狗の社」ができたのはこの次の時代のことで、今日でもその領域は決して縮小してはいない。

また元来、天狗というものは神のなかの武人で、中世以来の天狗は武士道の精髄を発揮している。「天狗道」に現われた武士道中の要目は、「第一には清浄を愛する風」、第二には「執着の強いこと」、第三には「復讎《ふくしゅう》を好む風」、第四には「任侠《にんきょう》の気質」である。

さらに「西洋でも北部欧羅巴《ヨーロッパ》に今なお活動しているフェアリーのごとき、その発祥地であるところのケルト民族の特性をよく代表している」として、妖精と妖怪を比較する。「フェアリーの快活で悪戯《いたずらずき》好でしかもまた人懐《ひとなつ》こいような気風はたしかにセルチックである」。そして、フェアリーは世界のおばけのなかでは異色で、これに比べると「天狗はやや幽鬱である」。フェアリーが海洋的であるのにたいして、天狗のほうは山地的だ。私たちの祖先は米を食べたいがために、競って平地へと下ったけれど、平地と山地では、いまもなお入り交じわらざる二つの生活が併存している。「平野居住者がまるまる天狗伝説を忘却しても、他の一半の日本における魔道の威力は必ずしも衰微したものとはいわれぬのである」。

天狗をグヒンというに至った原因もまだ不明だが、地方によってはこれを山の神といい、または大人《おおひと》、山人《やまひと》ともいって、山男と同一視する処もある。そうして必ずしも兜巾篠懸《ときんすずかけ》の山伏姿でなく特に護法と称して名ある山寺などに従属するものでも、その仏教に対する信心は寺侍《てらざむらい》、寺百姓以上ではなかった。いわんや自由な森林の中にいるという者に至っては、僧徒らしい気分などは微塵《みじん》もなく、ただ非凡なる怪力と強烈なる感情、極端に清浄を愛して叨《みだ》りに俗衆の近づくを憎み、ことに隠形《おんぎょう》自在にして恩讎《おんしゅう》ともに常人の意表を出でたゆえに、畏《おそ》れ崇《あが》められていたので、この点はむしろ日本固有の山野の神に近かった。名称のどこまでも借り物であって、我々の精神生活のこれに左右せられた部分の存外に小さかったことは、これからだけでも推論してよいのである。（『山の人生』一五　生きているかと思う場合多かりし事）

天狗のおこす怪異現象には次のようなものがある。天狗の性格からいずれも山中でおこる現象だが、天狗そのものは姿を現わさず、具体的なイメージをともなわないのがひとつの特徴といえる。

深夜に鋸《のこぎり》や斧で木を伐り倒す音が聞えるので翌朝行ってみると木を伐り倒した跡がまったくなかったという「天狗倒し」（「天狗なめし」「狗賓《ぐひん》さんの空木倒し」）。夜中に山に入るとどこからともなく石が飛んでくるという「天狗の礫《つぶて》」、突然旋風が吹き下ろしてくる「天狗風」。山中で突然高笑いされる「天狗笑い」。山中で太鼓やお囃子《はやし》、神楽《かぐら》の音が聞こえてくる「天狗太鼓」「天狗囃子」「天狗神楽」。山小屋の自在鉤《じざいかぎ》をゆすったり、小屋自体をがたがたとゆすられる「天狗のゆすり」。山の中で火がともり、なかにはそれが行列をなすものもある「天狗火」などの現象が、日本全国に広く分布する。

「遠野物語拾遺」で天狗の話は九八話と九九話の二話を数える。次の一六四話は、題目では「山の霊異」に分類されるものだが「天狗なめし」をあつかう話である。

一六四　深山で小屋掛けをして泊っていると小屋のすぐ傍の森の中などで、大木が切り倒されるような物音の聞こえる場合がある。これをこの地方の人たちは、十人が十人まで聞いて知っている。初めは斧《おの》の音がかきん、かきん、かきんと聞こえ、いいくらいの時分になると、わり、わり、わりと木が倒れる音がして、その端風《はかぜ》が人のいる処にふわりと感ぜられるという。これを天狗ナメシともいって、翌日行って見ても、倒された木などは一本も見当たらない。またどどどん、どどどんと太鼓のような音が聞こえて来ることもある。狸《たぬき》の太鼓だともいえば、別に天狗の太鼓の音とも言っている。そんな音がすると、二、三日後には必ず山が荒れるということである。

『妖怪談義』の最後におさめられた「妖怪名彙」（一九三八―一九三九）にも「テングナメシ」と「ソラキガエシ」の項目がある。「テングナメシ」は「普通には天狗倒しというが陸中上閉伊郡などは天狗なめし、ナメシの語の意味は不明である。木を伐る斧の音、木の倒れる葉風の感じなどもあって、翌朝その場を見ると一本も倒れた木などはない」と記される。「ソラキガエシ」のほうは、「天狗倒しのことを福島県の田村郡、また会津でもそういっている。鹿児島県の東部でも空木倒しという。斧の音、木の倒れる音はして、地に着く音だけはしないと前者ではいい、他の一方でもまるで木を倒す通りの音をさせるが、たった一つ材木の端に牛の綱を通す穴をあける音だけはさせぬので、真偽を聴き分けることができるという。その音のする場所は一定している」と説明される。

こういった山中の怪異は、通りがかりの個人を怯えさせるものにすぎないけれど、家や町や村に火事をおこすことで、天狗は最も恐れられた。「幽冥談」の天狗が、指差すだけで穢れた村に火を放ったのも、ひとつの例である。

小《こ》寺《でら》四郎《しろう》が採集した岐阜県揖斐郡春日村の明治一〇年一月一八日の大火の話では、「橋の架け替えのため、下ヶ流の向山の大檜と大杉を伐ったら、名主の夢枕に天狗が立ち、よくも住処を無くしたな、罰として村を丸焼けにしてやる、と言った。はたしてその晩火事が出て、村の大部分が焼けてしまった」という。

有《ある》賀《が》恭一《きょういち》は「信濃諏訪の天狗」で、天狗と火事にまつわる伝説を二例を紹介している。ひとつは「一〇〇年余り昔、婆が夕食の仕度をしていたら、勝手口に大男が立っていた。大男に手紙を出してくれるように頼まれ、目を瞑って開けたら霧ケ峰に来ていた。そこには天狗が大勢いた。天狗に城下が火事になっているが、手紙の御礼に守ってくれることを約束され婆が急いで戻ると、婆の家がある上町だけ焼け残った」というもの。また「ある日、婆が山で薪をとっていたら、天狗が現われ手紙を頼まれた。天狗の言うとおり目を瞑ると、体が浮き上がるようになり、目を開けると別の天狗がいた。手紙を渡してから同じようにして戻った。手紙を渡したお礼に、天狗は村の火事から婆の家を守ってくれた」とされる。このように天狗は火事を防ぐものともみなされたのである。

さらに橘礼吉《たちばなれいきち》の「白山麓の焼畑地域におけるハレの日の雑穀料理と雑穀米」には、石川県石川郡白峰村でのこととして、「天狗は日本の神々のなかで最も位が低いが、焼畑の火入れを守ってくれる神でもある。アズキ餅を好むので、焼畑の火入れ作業のとき、供えた餅を食べると山火事等を免れることができる」という伝承が記録されている。

火伏せの天狗

日本では、火伏せに霊験あらたかとされる社寺に参り、持ち帰った御札を家に祀る習俗が広くみられる。火伏せの神のうち秋葉神社・愛宕神社・古峯《ふるみね》神社などは流行神として、広い地域で信仰を集めたが、その本尊は天狗の化身とされた。

「秋葉信仰」は静岡県浜松市の秋葉神社に祀られる三尺坊《さんしやくぼう》大権現にたいする信仰で、一六世紀末に信濃戸隠宝光院《ほうこういん》出身の周国が、鎮火の術を得て越後長岡蔵王堂三尺坊の庵主となり、上杉謙信が信仰していた飯縄権現を祀ったといわれる。もともと秋葉山は山岳修験の場であり、飛行自在の験力を身につけた三尺坊が、白狐に乗って飛来したとされ、神札には天狗の姿をした三尺坊と狐が描かれる。当初は武神としての性格が強かったが、近世になって火伏せの神として知られるようになった。貞享二年（一六八五）には東海地方を中心に大流行したことから江戸幕府の禁圧にあい、これがかえって信仰が拡大するきっかけとなり、全国に広まった。

「愛宕信仰」の中心をなす愛宕山は山城国と丹波国の国境に位置する。明治元年（一八六八）の神仏分離以前は、奥の院に天狗である太郎坊、別当寺である朝日峯白雲寺には本地仏である勝軍地蔵などが祀られ愛宕権現と総称された。古くにはその地勢から、疫病神から都を守る境の神としての役割を果していたが、近世になると、左手に剣をもち武装した姿で白馬にまたがる勝軍地蔵は、武運長久を願う諸大名の信仰を集めた。また庶民にとっては、火伏せの霊験が広く知れわたり、各地に愛宕講が結ばれた。愛宕神社が授ける「火迺要慎《ひのようじん》」と書かれた火伏札は、現在でも京都市中の家庭の台所や飲食店の厨房に貼られている。

栃木県鹿沼市にある古峯《ふるみね》神社にたいする「古峯《こぶ》ヶ原信仰」も大いに栄えた。この神社は日本武尊《やまとたけるのみこと》（古峯大神）を祭神とし、火伏せ・盗難除け・嵐除け、さらには五穀豊穣、海上安全の神として信仰を集めた。その範囲は関東甲信越・東北地方と広範囲にわたり、遠野地方にも熱心な「古峯講」があった。もともと古峯ヶ原には、天狗使いとされる「隼人《はやと》」と「主水《もんど》」が日光山修験の世話をし、参詣者に祈祷札を出していた。これは伊勢や戸隠、出羽三山にもみられる「御師《おし》」のような存在であったと考えられている。

東京都八王子市の高尾山は、天平一六年（七四四）に聖武天皇の勅願により、行基が薬師如来を刻み、安置したのが開基とされる。南北朝時代の永和年間（一三七五―七九年）には京都醍醐山より俊源大徳が入山して、現在の本尊「飯縄大権現」を祀った。高尾山の飯縄大権現は不動明王の変化身とされ、「飯縄不動尊」などと呼ばれた時代もある。飯縄大権現の眷属である天狗信仰は、火伏せの霊験により古くから各地に「講」がつくられた。現在は真言宗智山派に属する高尾山薬王院有喜寺《やくおういんゆうきじ》として、大本堂と本社（権現堂）の建つ境内が神仏習合の様相をいまにとどめている。

栃木県鹿沼市の古峯神社に奉納された巨大な天狗面

天狗と山人と先住民

思想家の吉本隆明がその主著のひとつである『共同幻想論』（昭和四三年・一九六八年）において、日本の民衆の共同幻想のありかとその本質を解明するにあたり、『遠野物語』の民譚と『古事記』の神話に素材を絞ったことはよく知られている。「『遠野物語』は、原始的あるいは未開的な幻想の現代的修正（その幻想が現代に継承されていることからくる必然的な修正）の資料の一典型としてよみ、『古事記』は種族の最古の神話的な資料の典型とみなし、この二つだけに徹底して対象をせばめることにした」（『共同幻想論』「後記」）。

吉本は『遠野物語』のなかでもとくに、村人が山のなかで体験する怪異現象に強い関心を示した。しかし吉本は、柳田がこの聞き書きを書きとめたとき、柳田は「ただ興味を刺戟される山村の説話と考えたにちがいない。のちに柳田国男が山人畏怖を高所崇拝とむすびつけ、村人と山人とのあいだを、現世と他界とになぞらえ、土着民と外来民との関係に対比させたのは、かれの学的体系がはっきりした骨格をもつようになってからである」とも指摘している。

また、こういった山人譚がいまの私たちにも「リアリティ」を与えるのは、「民俗学的な興味を刺戟されるからではなく、心的な体験にひっかかってくるものがあるから」だという。そして心的な体験のリアリティという観点から、山人譚の〈恐怖の共同性〉を抽出すると、いわゆる〈入眠幻覚〉の恐怖と、共同体からの〈出離〉の心の体験に帰すことができると指摘する。

柳田が古くから日本列島民であった山人にたいする関心を失速させていき、稲作定住民＝農民に民俗学の対象を移してしまったというのはよく指摘されることだ。柳田にとっての天狗は、さまざまな伝承を生み出してきた妖怪の一種であることに変わりはないが、『遠野物語』から『山の人生』にいたるころまでは、天狗の仕業とみられる現象の一部は、実在する異民族による行為ではないかと推測していたのである。

二八　ある日炉の上に餅《もち》を並べ焼きながら食いしおりに、小屋の外を通る者ありてしきりに中を窺《うかが》うさまなり。よく見れば大なる坊主《ぼうず》なり。やがて小屋の中に入り来たり、さも珍しげに餅の焼くるのを見てありしが、ついにこらえかねて手をさし延べて取りて食う。猟師も恐ろしければ自らもまた取りて与えしに、嬉《うれ》しげになお食いたり。餅皆になりたれば帰りぬ。次の日もまた来るならんと思い、餅によく似たる白き石を二つ三つ、餅にまじえて炉の上に載せ置きしに、焼けて火のようになれり。案のごとくその坊主きょうも来て、餅を取りて食うこと昨日のごとし。餅尽きて後その白石をも同じように口に入れたりしが、大いに驚きて小屋を飛び出し姿見えずなれり。後に谷底にてこの坊主の死してあるを見たりといえり。

○北上川の中古の大洪水に白髪水というがあり、白髪の姥《うば》を欺き餅に似たる焼石を食わせし祟《たた》りなりという。この話によく似たり。

（『遠野物語』）

山人の重要な特徴は、米を好むということだと柳田は繰返し主張した。さらに「天狗の話」では、次のように自説を展開してみせる。

中学校の歴史では日本の先住民は残らず北の方へ立ち退いたように書いてあるが、根拠のないことである。佐伯《さえき》と土蜘《つちぐも》と国巣《くず》と蝦夷《えぞ》が同じものかどうかは別問題として、これら先住民の子孫は、いまだにこの島を見捨てたりしてはいない。奥羽六県は源頼朝の時代までは「生蛮地《せいばんち》」であり、アイヌ語の地名がいまでも半分以上を占める。またこの方面の「隘勇線《あいゆうせん》」（現住民である少数民族の侵入を防ぐための軍事的境界線）の内側にも、後世まで「生蛮」がいた。

「山童《やまわろ》」に行き逢ったという数十件の話に共通するのは、彼らは言葉を話さないということであるが、共通の言語がない以上当然である。食物にかんしては、吉野の国巣のように山菓（木の実）や魚やキノコを食料にするのであろう。米の飯を非常に喜んで餅を欲しがり、塩は好まないとされる。衣服はなにも身につけないものもいれば、縞《しま》の衣を着て、ぼろぼろになったところを木の葉で綴《つづ》っていた女もいた。素足の場合が多いが、山《やま》笹《ざさ》でつくった大きな履物を脱いでいたこともあった。

ここでとりあげられた山人や山姥が、天狗そのものなのか、天狗の仕業とみなされた怪異の一部をおこなったものなのか、柳田は明確にしていない。柳田は河童にかんしては、『山島民譚集』の前半を「河童駒引」譚の蒐集にあてて大きく取りあげたいっぽうで、天狗にかんしては彼の提示するイメージじたいが揺らぎ、やがては冷淡になっていくのである。

近世に娯楽の対象として弄《もてあそ》ばれ、神の立場から零落した河童のことをもちあげようとしたのにたいし、同じころから火伏せの現世的利益でもてはやされた天狗は、あまりに生々しすぎたのかもしれない。柳田の眼には、天狗はまさしく「天狗になった」ように映ったのであろう。

大杉神社のアンバさま

天狗信仰のなかで独自の展開を遂げたものに、茨城県稲敷郡桜川村（現・稲敷市阿波《あば》）の「阿波本宮大杉神社」を中心に奥羽・関東の各地に広がった「大杉信仰」がある。本宮大杉神社が鎮座する阿波は、近世には「安場村」とも記され、神社の通称も「アンバさま」で、「あんばの方から吹く風は、疱瘡《ほうそう》軽いと申します」と歌いはやされた。

大杉神社の鎮座するところは、現在の霞ヶ浦、常陸川、利根川下流域、印旛《いんば》沼、手賀《てが》沼、牛久《うしく》沼、鬼怒《きぬ》川下流域、小貝《こかい》川下流域を含む古代の内湾に、西から東に向かって突き出すような地形のほぼ突端に位置していた。『常陸風土記』には、半島状の地形にもかかわらず、遠くから臨むと島状を呈しているため「安婆嶋」と記されていた。そこに立つ大杉神社の巨大な杉は「アンバさま」と呼ばれ、内海の航路標識の役割を果していたとされる。

神護景雲元年（七六七）に、大和から下野国二荒山《ふたら》（栃木県日光）をめざしていた勝道《しょうどう》上人がこの地にいたり、病苦にあえぐ民衆を救うため巨杉に祈念すると、三輪《みわ》明神（奈良の大神《おおみわ》神社の神霊）が飛び移り、病魔を退散させた。このことから「大杉大明神」と呼ばれるようになったという。延暦二四年（八〇五）には別当寺として安穏寺《あんのんじ》が開基され、以降明治になるまで大杉神社は安穏寺の管理するところとなった。文治年間（一一八五〜一一九〇）には鼻高天狗がこの地にやってきて、数々の奇跡を起こし人々を救ったとされる。この鼻高天狗の容貌は、巨体で紫色の髭、碧眼、鼻高であった常陸坊海存《ひたちぼうかいそん》（海尊）だと伝えられている。

「ここに元暦文治のあいだ、大杉大明神平氏の横行を疾《にく》み、仮に常陸坊海存と現じ、判官源義経公を助け、平家追討の功成りて後この地に帰り、我像を刻し、大杉殿に納め、永くこの地に止って天下泰平五穀豊登《ぶとう》、諸の難厄を救護《くご》し、病患を祓い、悪を抑え善を挙げ、禍福響の音に応うるがごとくならしめんと言い畢《おわ》って、文治五年九月二十七日彩雲に乗じてたちまち消え失せたまう」（『利根川図志』）。『利根川図志』には、「阿波大杉殿」

の境内図が掲げられ、本殿の裏手に巨大な杉の木が描かれている。現在、この神木（太郎杉）は切り株しか残っていないが、本殿脇に三郎杉と呼ばれる杉の木がそびえている。

常陸坊海尊（存）は、源義経の家臣で生没年は不詳。『源平盛衰記』『平家物語』『義経記』にその名が見える。比叡山または園城寺の僧であったが、義経の家臣となり、弁慶とともに都落ちするが、衣川の合戦を生き延びて、後世に義経伝説を語り伝えたとされる。江戸時代初期の儒学者・林羅山《はやしらざん》（一五八三—一六五七）の『本朝神社考』に、残夢という老人が源平の戦いを見てきたように語り、人びとはそれが海尊だと信じたと記す。長寿伝承で知られ、その秘訣は枸杞《くこ》の実の常食、また人魚の赤い肉を食べていたためだとされる。

柳田国男の常陸坊への関心は、『山の人生』においてもすでにみられた。

常陸坊海尊の長命ということは、今でもまだ陸前の青麻権現《あおそごんげん》の信徒の中には、信じている人が大分あって、これを疑っては失礼に当るかも知れぬが、実はこの信仰には明らかに前後の二期があって、その後期においては海尊さまはもう人間ではなかったのである。これに反して足利時代の終りに近く、諸国にこの人が生きていた

茨城県稲敷市阿波に鎮座する大杉神社の神木「三郎杉」

という話の多いのは、まさしく八百比丘尼と同系統の現象であった。（中略）近年になっては一般に、常陸坊は天狗だと信じられていた。常陸国の阿波《あわ》の大杉大明神も、この人を祭るという説があり、特別の場合の他は姿を見ることができなかった。しかも一方には因縁がなお繋《つな》がって、折々は昔の常陸坊かも知れぬという老人が、依然として人間にまじって遊んでいた。（『山の人生』一一　仙人出現の理由を研究すべき事）

アンバ天狗の疱瘡除け

家康の江戸入府以降、河川の改修により、それまで東京湾に注いでいた流路を銚子へと替えた利根川は、水郷流域と江戸を結ぶ河川として急激な発展を遂げ、海河の守護神としての大杉神社もまた急速な信仰域の拡大を遂げることとなった。享保一二年（一七二七）には、「アンバ大杉踊り」が大流行し、江戸市中にも飛び移った。アンバさまは天狗の姿で各地に飛来し、悪魔を退散させるということから、村々では神社から天狗面を借り受け、村中で祈祷するという習俗も広がった。

アンバさまは利根川水域で活動する水運業者からは航海神として、外房から三陸にいたる太平洋沿岸漁村では漁業の神様として信仰されたが、江戸をはじめとした平野部で流行した要因は、なによりも疫病除けの神として霊験あらたかとされたからである。「疫病」とは伝染病のことで、とくに短期間に大流行し、多くの死者を出すような悪性のものをいう。古くからくりかえし流行した疫病には、疱瘡・麻疹《ましん》・赤痢・インフルエンザなどがあり、一九世紀以降はコレラも猛威を振るった（コレラについては四章でふれることになる）。

日本人を長く支配してきたのは御霊《ごりょう》や疫神《えきしん》（疫病神）と呼ばれる霊的存在が疫病をもたらすという観念だった。そこから疫病にたいしては、生活空間への侵入を防ぎ、侵入したものを鎮送し、またより強力な神格を祭祀するという防禦法をとった。いまでも、村境まで疫神の人形や神輿を送りだし、村境に道切りの注連縄や草鞋などをかけわたすことがあり、とくに村境に大人形のたぐいを立てておくといった習俗は各地にみられる。

疫病は村落部はもとより、人びとが集まり住む都市部においては最大の恐怖としてあり続けた。祇園祭をはじめとする都市の祭りの多くは、疫病鎮めの夏祭りという性格をもつものである。家ごとには、疫病神に来訪無用を告げるため、戸袋に「子供不在」と書いた貼り紙をしたり、疱瘡神を退治したと信じられる鎮西八郎為朝《ちんぜいはちろうためとも》の赤絵を貼っておくなどした。柳田は雑誌「民間伝承」に連載した「水曜手帖」のなかの一篇「王禅寺《おうぜんじ》」（昭和一九年・一九四四年）で、東京近郊、現在の川崎市麻生《あさお》区の民家で目にした小さな貼り紙について綴っている。

王禅寺という部落に入って行こうとする橋の左袂《たもと》、まだ新しい二階建ちの農家の大戸の上に、墨で小児の手を捺《お》した白い紙が二枚貼り付けてある。一方は七つか八つ、いま一方はやっと誕生そこその、うちの孫ぐらいなちっぽけな手であった。あんまりいたいけないので立ち止まってよく観ると、母の筆かとおぼしくその一枚に、

コノ手ノ子ドモハルス

もう一つの小さい方には、

コノ手ノコドモモルス

と片仮名で書いてある。多分ジフテリヤがこの辺には流行《はや》りかけているので、こ

ん な事をするのであろう。
そこで歩きながら考えてみたことだが、この現象は明らかに民俗学の領域に属する。そうして私にはおおよその意味が判るようだけれども、始めてこれを見て珍しがり、またどういうわけでと問いたがる人は、もうこの節では外国人だけでないであろう。果して満足に少しもごまかさずに、これに答えることができるであろうか。私にはどうも落第しそうな気がする。

首都郊外で見つけた小さな手形から、太平洋戦争の最中に、ジフテリア（ジフテリア菌による粘膜感染症で、幼児と小児の罹患が多く致死率が高い病気）が猛威をふるい、庶民の生活を脅かしたことを知ることができる。
こういった疫病のなかでも、疱瘡（天然痘）はきわめて伝染力の強い急性伝染病で、日本でも奈良時代から多くの死亡者を出してきた。種痘などの近代的医療がおこなわれる以前はもっとも恐れられた疫病であるとともに、疱瘡神として祀られる神でもあった。日本の庶民は、天罰・毒気・気運・時候・胎毒などが疱瘡の原因だと考え、さらに疫病神の怒りや祟りがもたらすものだと信じてきたのである。

アンバ大杉の天狗が飛来すれば疱瘡にかからないと信じられ、その祈祷に際しては、「アンバ大杉囃子」の歌と踊りを伴うという信仰が各地に広まった。人びとは疱瘡流行の兆しがあると、大杉神社の天狗面を被《かぶ》り、赤い服を着て鉦《かね》や太鼓を鳴らして歩き回ったという。大杉神社でも、毎年一〇月に例祭の「大杉祭」がおこなわれ、山車の周りを、鉦、太鼓、笛の音が奏で、このお囃子にあわせて舞いが披露される。

先にも述べたように、疱瘡除けに大杉神社の神（天狗）を迎える形として、神面（天狗面）を借りてくることは、アンバ信仰の特徴のひとつであった。神面の貸し出しの歴史は古く、『大杉大明神縁起録』によれば、常陸坊海存が大杉神社別当の安穏寺で密法をおこなっていた。そのころ疱瘡が流行していたので村人が法師に加持祈祷を頼むと、法師は神面を貸し与えたという。村人がその神面を病床に捧げ置くと、病魔が退散して全快したので、それ以来、人びとから深く信仰されるようになったという。春先になると村々では、若者たちが神面を神社に借りに行き、若者たちはその面を首にかけたり、背負ったりして、鳴り物をたたきながら家々を回ってお札を配り、辻々にお札を立てて悪病追い出しをしたのである。いっぽうこういった習俗は、医学の進歩により急速に衰え、いまでは見られなくなってしまった。

天狗の「神面」をおさめた笈を背負った村人。昭和40年（写真：藤田稔）

さまざまなアンバさま

大杉神社の天狗は内陸を離れると海難除けの信仰を集めた。立派な羽根を活かして空を飛び、嵐のなかで遭難しようとする船から漁民を救ったのである。こういったようすを描いた絵馬が残されており、その信仰圏は海沿いに広がった。

大杉神社に伝わる文久元年（一八六一）の「難船救済図奉納額」には、嵐によって船から投げ出された人を、僧形で鼻高の「大杉大明神」が救助しているところが描かれている。この容貌は、大杉大明神の化身にして天狗でもあった、常陸坊海存の姿にほかならない。大杉神社の「天狗」は、このように船の航行安全の神として水運関係者に受け入れられていった。『大杉神社大明神縁起録』には、大杉大明神がたびたび難船の危機を救ったことが記載されている。

茨城県布川の金刀比羅《ことひら》（琴平）神社には、嘉永四年（一八五一）に奉納された古い絵馬がある。杉野崇雲《すううん》の手になる「水難救助図」と呼ばれるこの絵馬には、鼻高の天狗が雲に

布川・金刀比羅神社「水難救助図」（写真提供：利根町教育委員会　生涯学習課）

乗り、溺れようとする子どもを助けにくるところが描かれている。布川の「金毘羅社」は、『利根川図志』にも紹介されている。「地蔵堂の西にあり。その間路の左右に乾隍《からほり》の迹あり。さればこの地、城の大手なるべし。境内には空居心経碑あり。またこの地において毎年八月十日、祭礼相撲ありていと賑わえり。べつたりと人のなる木や宮相撲　一茶」。柳田は一茶という珍しい俳人の名前を知ったのもこの本によってだという。そして、布川の「金毘羅角力《すもう》」のおりには、この句のように木に登って見物する客が多かったと回想する。さらに金毘羅社に隣りあう「地蔵堂」は、国男少年が衝撃を受けた「間引きの絵馬」がある徳満寺のことである。土蔵に閉じこもり、『利根川図志』をむさぼり読んだ柳田が、この絵馬を見ることはなかったのだろうか。

大杉神社の分霊は、大杉・阿波・安波神社として各地に勧請されたが、福島から宮城、岩手におよぶ東北地方に信仰が広がった「アンバさま」では、祭の際に神輿に神霊をうつすといった形で祀り、常在の社や祠をもたないことも少なくない。また天狗信仰という側面は希薄になり、海を渡ってくる「恵比寿」とも習合しながら、大漁祈願の神様としての性格を強めた。またこういった地域の漁村では、若い漁夫たちが休日要求の手段として、海岸にアンバさまを飾って船止めする習俗もみられるという。

またアンバさまが祀られる場所には地形的特性がみられるという指摘もある。川島秀一《かわしましゅういち》の『漁撈伝承』によると、アンバさまの多くは、海に面し日和《ひより》を見るのに適した小高い丘に祀られることが多いとされるが、そして三陸海岸のようなリアス式海岸になると、気仙沼の安波山《あんばさん》のアンバさまのように、二〇〇メートル級の山の頂きに祀られる場合もあるという。

アンバさまのお祭り

アンバさまの本山、稲敷市周辺の霞ヶ浦や利根川をはじめとする湖沼地帯、河川の流域には、さまざまな「アンバ祭り」がある。

茨城県中部、鉾田市と東茨城郡茨城町、大洗町にまたがる涸沼《ひぬま》の水辺に鎮座する大杉神社は、天保九年（一八三八）、下石崎地方に疱瘡が流行したときに阿波大杉神社から勧請されたという。毎年七月の最終土・日に開催されるこの社のアンバ祭りは、別名「下石崎の船屋台」「あんば様の船遊び」とも呼ばれる。つなぎ合わせた二隻の船の上に屋台を作って幕を張り、提灯を下げて美しく飾った舞台で、大杉囃子にあわせて「おかめ」「ひょっとこ」「きつね」などの踊りが演じられる。これはお囃子と踊りでにぎやかにして、疫病を退散させるためなのだという。岸に集まった人びとと船に乗った人びとが、ともにこの演技にかけ声をかけて祭りを盛り上げる。

鉾田市烟田《かまた》の玄生《くろお》地区では、毎年二月、五月、八月の各一日に、杉の葉で作った大杉様と呼ばれる大人形をつくり、地区の人々の健康や無事を祈る厄払い行事をおこなっている。地区のはずれにある小さな林にある樹齢三〇〇年といわれるクヌギの大木に、雑木を曲げて骨組みをして、篠竹や茅や藁で巻きつけ、その上に杉の枝をさして大杉様の胴体をつくる。胴体に刀をさし、頭部に真っ赤に染めた天狗の面をつけて完成する。そして、大杉様にお神酒をあげ、その前で火を燃やし、火を囲んで太鼓を叩きながら「そりゃ大杉大明神、悪魔を祓ってよーいやさ、よーいよーいよーいやさ。町内安全だよトホヨトホホ」と囃して村内安全を祈願する。

本社から離れた北関東にも、アンバ天狗の祭りがいまでも根強く継承されているところがある。栃木県鹿沼市板荷《いたが》の「アンバ祭り」は、毎年三月の第一土曜日と日曜日にお

上／茨城県鉾田市烟田、玄生地区の「アンバさま」
下／栃木県鹿沼市板荷の「アンバ祭り」の行列

こなわれる。

大杉神社の神霊をのせた神輿は、地区の鎮守である日枝《ひえ》神社を出発すると、猿田彦《さるたひこ》に導かれて集落内を練り歩く。神輿の後にはお囃子が続き、祭りを盛り上げる。行列のなかの大天狗と小天狗は氏子の家を回り、悪魔祓いと春の事触れをおこなう。天狗は家のなかで悪魔を祓う際、「アンバ様大杉大明神、悪魔祓ってヨイのヨイのヨイ」と唱える。

この祭りは、神輿に安置された由緒書や座布団などの墨書によると、安政年間(一八五四―六〇年)かそれ以前から、一五〇年以上にわたって伝えられてきたとされる。

玄生でも板荷でも祭りが、いつどのような理由から始まったのか詳らかにしない。しかし、いまでも祭りが続けられているのは、境界を越えてやってきた「悪魔」によって地域が脅かされた遠い記憶を村人たちが怖れているからにほかならないのである。そして大地震にともなうさまざまな出来事のあとで、「悪魔祓い」はいつもの年にも増して、念入りであったかもしれない。

三章

洪水は恐るべき
ものであり
すべての始まり
でもある事

濃尾平野のやろか水

柳田国男は『妖怪談義』の表題篇（昭和一一年・一九三六年）で洪水にまつわる災害伝承についてふれ、その一例として薩摩の阿久根《あくね》近くの山の中にある「半助がオツ」と称する崖の名の由来を語る。

明治一〇年（一八七七）ごろのこと、このあたりに友人である四助と三助という男がいた。ある日四助は山で雨に遭い、土手の陰で休んでいると、どこからともなく「崩ゆ崩《く》ゆ」という声が聞えてきた。しかしあたりを見まわしてもだれもいない。四助はこの声に応じて「崩ゆなら崩えてみよ」というと、たちまち土手が崩れ、たくさんの山の薯《いも》を安々と手に入れることができた。この話を聞いた三助は羨ましく思い、同じ山に行くと、またどこからともなく「流る流る」という声がした。「流るるなら流れてみよ」と答えたところが、今度は松脂《まつやに》がどっと流れてきて、三助は体を包まれ動けなくなった。三助の父の半助は、炬火《たいまつ》を持って山へ捜しに入った。「おーい」と呼ぶと「おーい」と答えるので、炬火を近づけたら、たちまち松脂に火が移り三助は焼けてしまった。父の半助は驚いて足を踏みはずして落ちた。そこでここを「半助がオッ」というのである。

柳田はこの話を「歴史のように見えるが、疑いなく改造せられたる昔話である」と評したうえで、「した半分だけ似通うた話」が美濃と尾張の境には「伝説」となって多く残っているとして、「やろか水」伝承を紹介する。

愛知県から岐阜県に広がる濃尾平野では、木曾川・揖斐川・長良川の木曾三川の氾濫は付近の住民を苦しめてきた。そしてこの地域には、豪雨の際に川の上流から怪異な声を聴いたという伝承が数多く残っているのである。

いずれも木曾の川筋にあるから、源流はすなわち一つであろう。尾張の犬山でもヤロカ水、美濃の太田でもヤロカ水といって、大洪水のあったという年代は別々でも、この名の起りはまったく同じであった。それは大雨の降り続いていた頃の真夜中に、対岸の何とか淵のあたりから、しきりに「遣《や》ろうか遣ろうか」という声がする。土地の者は一同に気味悪がって黙っていたのに、たった一人が何と思ったか、「いこざばいこせ」と返事をしたところが、流れは急に増して来て、見る間に一帯の低地を海にしたというのである。これと同様の不思議は明治初年に、入鹿池《いるかいけ》の堤の切れた時にもあったというが、それも一種の感染としか思えない。

（「妖怪談義」）

柳田国男は昭和五年（一九三〇）、子供向けにまとめた『日本の昔話』（原題『日本昔話集（上）』）のなかでも、尾張国丹羽郡《にわのこおり》の話として木曾川でおこった「やろか水」をとりあげている。

むかし井堀《いぼり》という村で、秋の半ばに毎日雨ばかり降り、木曾川の水がだんだん高くなって、堤が切れるかもしれないと村の人びとが起きてずっと水番をしていることがあった。そんなある夜、川向いの美濃の伊木山《いぎやま》の下の淵あたりから、しきりに「やろうかあ、やろうかあ」と喚ぶ声がした。一同はただ不思議に思うばかりで、どうすることもできずに顔を見合わせていたが、その声がいつまでも止まないので怖ろしくなり、人夫の一人が思わず大きい声で「いこさばいこせえ」と言ってしまった。するとたちまち大水がどっと押し寄せて、見る見るうちにこのあたりの沼の田が、すべて水の下になった。そのときの洪水をいまでも「やろか水」といっている。これは貞享《じょうきょう》四年（一六八七）のことで、付近の村々にはこういう話がほかにもあるという。

木曾三川の流路は、水源から平野奥部まで標高がほとんど変わらず、さらに三つの大河川が狭い地域に集中するという、きわめて水害の発生しやすい地理的条件にある。平安時代には一章で紹介した埼玉県志木の「水塚《みづか》」にあたる防水害施設「水屋《みずや》」がすでに建てられ、その後「輪中《わじゅう》」（集落や耕地を堤防で囲った防水区画）によって、住民は洪水に対抗していった。

江戸幕府を開いた徳川家康は豊臣秀頼にたいする防衛の最前線として尾張を重視し、清洲城と名古屋城を築城。名古屋城を防衛するために木曾川は利用され、慶長一三年（一六〇八）には木曾川左岸に「御囲堤《おかこいつつみ》」と呼ばれる堤防を築いた。

しかし、治水ではなく軍事が目的であったことから、美濃側の堤は三尺低くつくられたことで、美濃方面はさらに水害を受けることとなった。実際に慶安三年（一六五〇）大垣藩領内で三〇〇〇人もの死者を出し、貞享四年（一六八七）の大洪水の際にも、尾張丹羽郡上般若村（現在の愛知県江南市付近）で「やろか水」がおこったと伝えられる。

入鹿池の災害伝承

「妖怪談義」に記された入鹿池の災害は、「入鹿切れ」と呼ばれ、この地域ではよく知られた歴史的事実である。

入鹿池は愛知県犬山市の南東部にあり、農業用の人工ため池としては最大級で、農林水産省の「ため池百選」にも選定されている。池ではボートやワカサギ釣りを楽しむことができ、西岸には明治時代の文化財的価値が高い建築を多数移築・復元した「博物館明治村」があることから観光客も多い。

江崎《えざき》善左衛門《ぜんざえもん》了也《りょうや》ら「入鹿六人衆」と称される六人の男たちが、付家老であった犬山成瀬家を経由して尾張藩に入鹿池の開発を認可され、当地にあった春日井郡入鹿村の住民を移住させ、寛永九年（一六三二）から着工、翌寛永一〇年に入鹿池は完成した。その後、二三五年を経過した幕末に、それまでいちども大きな災害を起こすことのなかった入鹿池の堤防が切れ、大水害がおこる。

慶応四年（一八六八）の四月中ごろから降りはじめた雨は、五月になってもやむことはなく、池の堤防は決壊の危険にさらされた。尾張藩は、必死の応急工事により防ごうとしたが、五月一四日、ついに堤防は決壊したのである。

濁流は丹羽、春日井、中島、海東（現海部郡）の四郡一三三村におよび、死者九四一人、負傷者一四七一人、被害にあった村は一二三村、建物への被害は流失家屋八〇七戸、浸水家屋一万一七〇九戸で、とくに羽黒村の被害は酷く、家屋の屋根に避難しても逃れられず、多くの村民が濁流に流された。また下流の布袋《ほてい》（現在の江南市布袋町）では、水が引いた後に、腐乱死体がそこら中に転がっているありさまであったという。

こういった入鹿切れの慰霊碑は、犬山市内だけでなく、被害にあった広範囲の地域に建てられている。また、名鉄小牧線羽黒駅から徒歩約七分のところにある興禅寺の本堂の前には、入鹿切れの時に流されてきたと伝えられる推定重量一五トンの「入鹿切れ流れ石」があり、災害遺産として保存されている。興禅寺は入鹿池から四キロ以上離れたところにあり、この巨大な「流れ石」を目の当たりにするとき、大水害と土石流のはげしさをまざまざと感じさせるのだ。

「入鹿切れ」においては「やろか水」のほかにも、複数の災害伝承が残されている。

入鹿池の圦《いり》（閘門《こうもん》・樋門《ひもん》）ができたときに、堤が切れるのを防ぐため二匹の馬をつくり池の中においた。「やろか水」が発生したときも二匹の馬は水を飲み続けていたが、水は増すばかりでついに飲みきれず、池の水は堤を切って流れでた。堤の切れる直前には次のような前兆があった。池の主である陣羽織を着た武士が馬に乗って空中を駆けていった。池の中に蓑を着た人がいて「うまいもの食べて楽しく暮せども、どうせこの世は五月まで」と言った。堤防決壊の数日前に池に火柱が立った……。

何十年、何百年に一度襲ってくる大地震や大津波の恐ろしさはいうまでもない。いっぽう何年かおきにおとずれる大雨とそれにともなう河川の氾濫は、日本列島に住む人びとにとって、つねに頭を離れることのない脅威だったのである。こういった水の害にたいする畏れ、死者への弔い、あるいは災害体験を記憶するために、数多の怪異伝承が生みだされてきたのであった。

上／明治元年に堤防が決壊した愛知県犬山市「入鹿池」
下／「入鹿切れ」の規模の大きさを伝える興禅寺の「流れ石」

日本列島を襲う水害

平成二三年（二〇一一）三月十一日に発生した東日本大震災は、三陸沿岸を襲った大津波により数多くの犠牲者を出した。またこの年は各地で大規模な水害も頻繁におこった年でもある。そもそも日本列島は急峻な地形で雨量が多いうえ、山奥深くまで森林開発がおよび、また湿地や湖沼の近辺まで水田開発をおこなったために洪水災害が絶えない。

七月二〇日に徳島県に上陸した「台風第六号」は、七月の統計史上最大級の勢力となり、高知県安芸市、北川村、檮原《ゆすはら》町、三重県大台町、和歌山県新宮市、白浜町などに大きな被害をもたらした。「平成二三年七月新潟・福島豪雨」では、七月二七日から三〇日にかけて、新潟県と福島県に猛烈な雨が降り、一時間あたりの降水量は各地で史上最多記録を更新。一部地域では累積の降雨量が一〇〇〇ミリを超えるという記録的な豪雨となった。新潟県の五十嵐《いがらし》川では堤防が決壊し、魚野《うおの》川も氾濫。新潟・福島の両県で数千軒の家屋が浸水し、約四〇万人に避難指示や避難勧告が発令された。東北地方の周辺各県や長野県、静岡県などでも激しい雨が降った。

八月末から九月初めにかけては大型の「台風第一二号」が日本を襲った。台風の接近に伴う大雨の影響で関東と紀伊半島を中心に被害が発生し、九月二日、和歌山県白浜町では富田川《とんだ》・日置川《ひき》が、同県新宮市では熊野川が氾濫し、付近の住民に避難指示が出されたほか、徳島県三好市や高知県安芸市、奈良県吉野町、岡山市などに避難勧告・指示が出された。紀伊半島南部から中部の和歌山県田辺市や奈良県五條市では、大規模な土砂崩れ、土石流などに多くの家屋や集落が巻き込まれた。他にも紀伊半島では土砂崩れによる道路の通行止めが多数発生し、世界遺産の熊野那智大社では裏山が崩れ、本殿の一部が土砂で埋まる被害が発生した。この台風による被害者は全国で、少なくとも死者三〇数人、行方不明者は五〇余人と見られている。

日本各地の山中には、洪水の記憶を刻みこんだと思われる「蛇崩れ《じゃくずれ》」「蛇抜け《じゃぬけ》」「蛇《じゃ》谷《だに》」といった地名が数多く残る。これは文字どおり、川や沼、山や谷の主である蛇の祟《たた》りによって、土砂崩れや土石流がおこると考えられてきたからである。柳田国男『一目小僧その他』(昭和九年・一九三四年)のなかの「鹿の耳」(昭和二年・一九二七年)には、「信州では山に法螺崩れ《ほらくず》と蛇崩れとがあった。蛇崩れの前兆には山が夥《おびただ》しく鳴るので、ただちに檜木《ひのき》を削って多くの橛《くい》を作り、それを山の周囲に打ち込むと、蛇は出ることあたわずして死んでしまい、年経て後骨になって土中から出る。それを研末《けんまつ》して服するときは瘧病《おこり》を治すなどともいった」と記される。

歴史学者で信州を中心とした災害伝承に詳しい笹本正治《ささもとしょうじ》は、『蛇抜《じゃぬけ》・異人《いじん》・木霊《こだま》』（一九九四年）のなかで、大正一二年（一九二三）におこった長野県木曾郡大桑村の蛇抜災害、天保一五年（一八四四）の同郡南木曾町与川の蛇抜、天保九年（一八三八）の木曾山の異変をとりあげている。

「災害の発生場所は、自然的条件に左右される。蛇抜についていえば、基本的に急傾斜の谷沿いほど発生しやすい。しかも背後の山に樹木が少なく、花崗岩が風化していればいるほど、蛇抜になる率は高い。こうした場所は、木曽谷にかぎらず土石流災害がおきやすいのだという認識をまず有しておく必要がある。蛇抜という名称は特別なものの、土石流ということになれば、ほとんど全国的に起きる可能性があり、本書で扱った蛇抜は特別な災害ではないのである」（『蛇抜・異人・木霊』「おわりに」）。

笹本の調査と分析でとくに重要なことは、蛇の祟りだと認識されてきたこういった災害が、たんなる天災ではなく、山林開発や発電所建設といった自然破壊に起因する人災の側面ももつという指摘である。さらに、水神の化身である白蛇を朝鮮人労働者が殺したために洪水がおこったという、噂話が流布したことも記録されている。つまり災害伝承についてみていくことが、民俗学や歴史学、環境社会学といった側面をこえた大きな広がりをもつものであることを示唆しているのである。

遠野物語と洪水

「やろか水」に類似した「白髭《しらひげ》水《みず》」「白髪《しらが》水《みず》」と呼ばれる災害伝承が日本の各地に残されている。大洪水に先立って白髪や白髭の老人が現われ水害を予告した、あるいは洪水や大津波の波頭に白髭・白髪の翁が乗っていたというものである。

新潟県栃尾市の伝承では、白髪の老人が夜明けに現われ、大水が出るから早く逃げるようにと村人に知らせたところ、この言葉を信じて逃げたものは助かり、信じなかった多くのものは死んだという。また延宝八年（一六八〇）七月、信濃川では洪水の前日に、白髪の老人が川上の方から出現して、「大水出づ用意せよ」と叫びながら走り去った。

柳田国男も『遠野物語』ですでに「白髪水」についてふれていた。一章で紹介した「大なる坊主が餅と間違えて焼いた石を食わされ、谷底で死体がみつかった」という二八話の注に、「北上川の中古の大洪水に白髪水というがあり、白髪の姥《うば》を欺《あざむ》き餅に似たる焼石を食わせし祟《たた》りなりという。この話によく似たり」とあった。

遠野郷の北に聳《そび》える早池峰山には次のような伝承が残る。早池峰山が妙泉寺《みょうせんじ》に管理されていた神仏習合の時代、住職の快元《かいげん》和尚が餅を焼いていると、山姥《やまんば》が現われ餅を全部食べてしまい、酒も飲んで姿を消した。快元はなんとか仕返ししようと思い、川原で餅によく似た石を拾い集め、酒器には油を入れておいた。夜になるとまた山姥がやってきたので、和尚は山姥をだまして口の中に石を投げ入れ、酒の代わりに油を注いだ。山姥は苦しみながら山中に逃げこんだが、それから三日三晩、暴風雨が続き、大津波と洪水がおこって妙泉寺を押し流してしまった。大洪水の直前、波頭の上に不思議な白髭の翁が立って、歌をうたいながら激流とともに流れ去っていった。そこで人々はこの洪水を「白髭水」と呼ぶようになったという。

なお早池峰登山の経験をもとにした詩篇「河原坊《かわらのぼう》（山脚の黎明）」（『春と修羅　第二集』に収録）

河原坊の白髭明神を移し祀った岩手県大迫町岳の「早池峯神社」

を書いた宮沢賢治（一八九六―一九三三）は、次のような話を友人にしていたという。

「僕はもう何べんか早池峰山に登りました。あの山には、ご承知かもしれませんが早池峯の七不思議というのがありまして、その一つに河原の坊というところがあります。（中略）先年登山の折でした。僕はそこの大きな石に腰を掛けて休んでいたのですが、ふと山の方から錫杖《しゃくじょう》を突き鳴らし、眉毛の長く白い見るからに清々しい高僧が下りてきました。その早池峯に登ったのはたしか三年ばかり前なのですが、その御坊さんにあったのは何でも七百年ばかり前のようでしたよ」（佐藤隆房『宮沢賢治』昭和一三年・一九三八年）。

柳田国男は「遠野物語拾遺」二九話に、白い衣を着た女にまつわる伝承を記している。鱒沢《ますざわ》村の猿ヶ石川べりにある「お鍋が淵」は、遠野を阿曾沼《あそぬま》家が支配していた時代に、この村の領主の妾が主人の戦死を聞いて、幼な子を抱えて入水したところだという。洪水の前などには、淵の中にある大きな白い岩の上に白い衣裳の婦人が現われ、髪を梳《す》いていることがあった。いまから二五年程前の洪水のときにも、二、三人のものがそれを見た。

「遠野物語拾遺」はこの二九話の前後に、「白髭水」「白髪水」は登場しないものの、この地方でおこった洪水にまつわる伝承を続けて載せている。

巫女が気に入らぬ婿を謀って、洪水除けの人柱として猿ヶ石川の堰口に沈めようとしたところ、一人娘も白馬に乗ったまま沈めてしまい、自分も悲しんで入水した。「母也《ぼなり》明神」はこの巫女の霊を祀った祠である（二八話）。

小友《おとも》村字上鮎貝《かみあゆかい》の家の下女で、乳飲み子をもつ「おせん」が、山に入り戻ってこなくなった。おせんは蛇になったため、「人間を見ると食いたくなる」ので自分の子どもでも会えないという。ところが洪水の際に、おせんは蛇体となって小友川に流れ出て、氷口《すがぐち》の淵で元の女の姿になって見せたが、また水の底に沈んでしまった。それからその淵を「おせんが淵」といい、おせんの入った山を「蛇洞《じやどう》」という（三〇話）。

旧暦六月二十八日におこなわれる橋野の沢の不動の祭りでは、三粒でも必ず雨が降るという。昔この祭りの前日に、海から橋野川を遡って、一尾の鮫《さめ》が参詣に来て不動が滝の滝壺にはいった。ところが、天気がよく川水が不足してしまったので、天から雨を降らせてもらい帰っていった。祭りの日に必ず雨が降るのはこのためで、村人はこの日、川の水さえ汲まない習慣があるにもかかわらず、禁を犯して水浴したものがあった。すると連日の晴天がにわかに大雨となり、大洪水で田畑も人家も流された。禁を破ったものは家を流され、家族もみな溺れ死んだ（三三話）。

三章 洪水は恐るべきものでありすべての始まりでもある事

三話ともに洪水がもたらす悲劇を描くものであり、また具体的な地名が記されることによって災害の記憶を深く刻みつけ、優れた「口碑」ともなっているのである。

東北地方の白髭水

柳田は『女性と民間伝承』（昭和七年・一九三七年）のなかで「白髪水」「白髭水」伝承について詳しく論じている

> 東北地方の人たちは、これまで言うとあるいは思い出されるかも知れませぬが、秋田の雄物《おもの》川でも、津軽の岩木川でも、岩手の北上川でも、会津の阿賀川でも、またその他の小さな川でも、昔のいちばん大きかった洪水を、たいていは白髪水、または白髭水と名づけて記憶しているのであります。
> 歴史としては年代などにもまちまちの説があって、いかにも不精確でありますが、

土地には土地の人が信用せずにおられぬような鮮明なる昔話が今もあるのです。

その中には白髪の異人が現われて、それに無礼をした祟《たたり》というのもあれば、大水の出はなに、白い毛を長く垂れた神様が、水の上を下って来られる姿を見たとか、または山から岩を蹴りながら、水の路を開いて下されたとかいって、以前は水の滸《ほとり》にその祭をしていたらしいのであります。

どうして水の神を白髪の御姿に想像したかという理由を考えますと、やはり最初そういう特徴の老人または若白髪の人を選んで、巫覡《ふげき》の任務に当らせた風習の、久しく続いていたことを推定するの他はありませぬ。歌占の謡が偶然にこれを説いたとすれば、多分無意識の伝承ということができるでしょう。


「秋田の雄物川でも、津軽の岩木川でも、岩手の北上川でも、会津の阿賀川でも」と柳田が指摘するとおり、同類の伝承は東北地方に集中している。これはこの地方にとって水害が、冷害とならぶ過酷な試練であった歴史的事実を示していることにほかならない。

江戸時代後期の旅行家、博物学者で東北地方を旅して多くの紀行文を残した菅江真澄(一七五四―一八二九)は、『栖家能山《すみかのやま》』の寛政八年(一七九六)五月一日の条で、「太郎次郎が館とて、そのはらからやここに栖家したりけん。柵は白髭水というにおしながされて、そのあたりの人もふる館という所にうつりて、その村のみいまもなおあり」と記す。また『筆の山口』文政五年（一八二二）二月二六日の条にも、「なかむかし、北国にしらひけ水とて、洪水《おおみず》ありしとき、出羽《いでは》陸奥《みちのく》に三四日巳《まえ》より、しらひけ八束《やつか》と長き翁の、幣《みぬさ》ふりて洪水《みず》あらむことを造《つげ》ありきしなり。こはみさとしならむといえり。そを白髭水というといった記述がある。

多くの「白髭水」伝承が残る北上川流域では、享保九年（一七二四）八月一四日の洪水で、長雨が大雨となり流域全体に洪水をひきおこし、「此ノ水、盛ト出ル時白髭ノ老人水上ニ見エタリ」と伝わる。この洪水の、南部氏の幕府にたいする報告によれば、「損亡石高三万石、山崩九五ヶ所、潰家九五軒、落橋三二三ヶ所、溺死三名」、伊達領内でも本川堤防が数ヶ所で破堤し、登米《とめ》・佐沼間は一望の湖水となり、水深三メートルにもおよんで、一七万一七〇〇石の水田被害があったという。

北上川流域では、比較的記録が残っている江戸時代以降、およそ四〇〇年のあいだに三〇〇回以上の水害がおきている。江戸時代約二七〇年間には二一三回、明治期以降、昭和三十五年（一九六〇）までの九三年間には一一六回の記録が残されているが、それ以降は洪水被害軽減対策が進んだこともあり、急激に減少した。それでも、この一〇〇年あまりのあいだにも、明治四三年（一九一〇）八月に襲った二つの台風、昭和二二年（一九四七）のカスリン台風、昭和二三年（一九四八）のアイオン台風、近年でも平成十年（一九九八）八月の大雨、平成一四年（二〇〇二）七月の台風六号は甚大な被害をもたらした。

洪水と道祖神

いまでは多くの人びとが住んでいる陸地がかつて湖であった、と語る民間伝承は世界各地に広がる。『遠野物語』の舞台である遠野盆地が太古に湖だったことは、この本の第一話に記され、私たちの注意をひきつける。「伝え言う、遠野郷の地大昔はすべて一円の湖水なりしに、その水猿ヶ石川となりて人界に流れ出でしより、自然にかくの如き邑落《ゆうらく》をなせしなりと。されど谷川のこの猿ヶ石に落ち合うもの甚だ多く、俗に七内八崎《ななないやさき》ありと称す。内《ない》は沢または谷のことにて、奥州の地名には多くあり」。さらに注にいわく「遠野郷の**トー**はもと**アイヌ**語の湖という語より出でたるなるべし、**ナイ**も**アイヌ**語なり」。遠野が湖水であった時代に、気仙沼から鮭に乗ってやってきたという、「遠野物語拾遺」におさめられた旧家の始祖説話も興味深いものだ。

一三八　遠野の町に宮という家がある。土地では最も古い家だと伝えられている。この家の元祖は今の気仙沼を越えて、鮭《さけ》に乗ってはいって来たそうだが、その当時はまだ遠野郷は一円に広い湖水であったという。その鮭に乗って来た人は、今の物見山の岡続き、鶯崎《うぐいすざき》という山端《やまばた》に住んでいたと聞いている。その頃はこの鶯崎に二戸愛宕山に一戸、その他若干の穴居の人がいたばかりであったともいっている。この宮氏の元祖という人はある日山に猟に行ったところが、鹿の毛皮を着ているのを見て、大鷲《おおわし》がその襟首《えりくび》をつかんで、攫《さら》って空高く飛び揚がり、はるか南の国のとある川岸の大木の枝に羽を休めた。その隙に短刀をもって鷲を刺し殺し、鷲もろともに岩の上に落ちたが、そこは絶壁であってどうすることもできないので、下著の級《まだ》布《ぬの》を脱いで細く引き裂き、これに鷲の羽をない合わせて一筋の綱を作り、それに伝わって水際まで下りて行った。ところが流れが激しくて何としても渡ることができずにいると、折よく一群の鮭が上って来たので、その鮭の背に乗って川を渡り、ようやく家に帰ることができたと伝えられる。

『遠野物語』には、一面の湖水がなぜ盆地になったか明らかにされていない。しかし日本の各地にはその原因を述べ、国や町や村の誕生神話、発生伝承として語る例は少なくない。たとえば長野県の安曇野《あずみの》や松本平《まつもとたいら》も湖水から平野になったとされるが、説話のひとつは次のように語る。

昔、安曇から筑摩にわたって大湖水であったころ、穂高見命《ほたかみのみこと》が湖の主の娘である犀竜とのあいだに、白竜太郎と呼ぶ子をもうけた。犀竜は、湖水を乾《ほ》してこの地に安曇族の郷土を創《はじ》めたいという命の希望を知り、ある日白竜太郎をのせ、蛇体となって風雲を起こし、隘路《あいろ》を蹴破《けやぶ》って湖水を北海に導いた。これによって湖底であった松本、安曇の両平野があらわれた。

安曇野や松本平には「双体道祖神」と呼ばれる石像が数多くみられる。仲睦まじい男女の神が寄り添って立つ、よく知られた素朴な石神像だ。しかしこの「双体」が夫婦とはかぎらず、また洪水と深いかかわりをもつものであることはあまり知られていない。

そもそも道祖神とは境の神の総称で、ドウソジンと呼ばれる神のほか、サエノカミ、サイノカミ、ドウロクジンなどと呼ばれる神を含むものである。また小正月には「道祖神祭り」という行事がおこなわれる。地域によっては「どんど」「左義長《さぎちょう》」「三九郎祭り」など呼称はさまざまだが、いずれも火で厄神を祓う火祭りの性格をおびる。

道祖神の形態は碑や祠であることが多く、自然石の場合もある。碑は、神名を刻んだ文字碑や神像を刻んだものであり、神像には単体・双体のものがある。双体道祖神の多くは男女双体像で、なかには性的な側面を強調するものがある。道祖神の祭において、男女二体の木像を臨時で祀ることもある。

境には荒ぶる神がいて旅人を悩ますという信仰は、古く風土記にもみられるもので、いまでも碑や祠などがなくても峠には境の神がいるといって供え物をするところもある。道祖神の役目はおおまかにふたつある。ひとつは、里のはずれに立たせて、共同体の外側から境界を越えて侵入する災いを防ぐこと。もうひとつは、冬と春の境に際して祭りをおこなうことで、穀物がよく実るようにと祈願することであった。

上／長野県松本市入山辺「下原の道祖神」。天保6年（1835）
下／長野県野沢温泉の「道祖神祭り」でお祀りされる道祖神の木像

自分がさよ女説話の一分派と認めている九州地方の多くの例では、いずれも皆父と娘との二人の旅人を説き、父が同行の娘を殺して死んだという類の悲惨な結末を伝えている。しかもそれが必ず路の側、坂の辻の石の神の由来であり、かつ猥雑《わいざつ》にして説くに忍びざる情事譚であるのを知って、自分はこのおさよが本来道祖《さえ》の信仰に出たことを推測せんとする者である。ただしこの点はなお他日の細説を要するはもちろんであるが、少なくとも遠く離れた西国の人柱伝説においても、やはり牲《にえ》の娘の名はサヨであった。

（「人柱と松浦佐用媛《まつらさよひめ》」昭和二年）

男女双体の道祖神像が夫婦ではない場合、各地に伝わる近親相姦説話が手がかりになる。引用した柳田国男の「人柱と松浦佐用媛」（『妹の力』昭和一五年に収録）は道祖神信仰と父娘相姦伝承のかかわりを示唆するものだが、東日本では兄妹相姦伝承が多くみられ、さらには洪水説話と結びつくことがある。

兄妹相姦の伝承について長野県の民俗学者・倉石忠彦《くらいしただひこ》は、次のような説話があることを指摘している。要約して紹介すると「洪水が去った後に生き残ったのは、たった二人の兄妹だけだった。その兄妹は子孫を残すため相姦と知りながら結婚をした」。「むかし二人の兄妹がそれぞれの相手を求めて旅に出た。何年か経ってその二人は好きな相手に巡り合い夫婦になった。ところが、この二人は兄妹であることがわかった」。また「二人はそれを恥じて自殺した。それを知った村人は不憫に思い双体像を建立して祀った」。「兄妹婚した二人には子供が生まれない。生れても健やかに育たない」。

洪水や津波で生き残って子孫が繁栄するという兄妹婚型の洪水説話は、中国西南部の少数民族から日本の南西諸島にかけて分布している。日本神話のイザナギとイザナミの婚姻譚も、こういった洪水神話の伝承の一部ともみられる。

道祖神説話において、洪水と近親姦は原因と結果にあたるが、禁忌を侵犯した結果として大洪水や大津波が起きて、村全体が壊滅したり、島が沈んでしまったというような伝説も多い。大分県の別府湾にはかつて瓜生島《うりゅうしま》という島があったとされる。この島には、蛭子《えびす》神社のえびす像の顔が赤くなったときには島が滅亡するという伝説があった。にかかわらず、不心得者がいたずらに顔を赤く塗ったところ、大津波が起きて、島が海底に沈んでしまったというのである。

海坊主の恐怖

内陸でおこる河川や湖沼の氾濫とともに、海に面した沿岸部に多大な被害をもたらす、津波の恐ろしさはいうまでもないだろう。日本列島は何十年にいちど、あるいは何百年にいちどという周期で、とてつもない津波災害に襲われてきた歴史をもつ。

日本列島を襲った津波のうち記録に現われたおもなものは、明応七年(一四九八)八月二五日の明応地震、慶長九年(一六〇四)一二月一六日の慶長地震津波、元禄一六年(一七〇三)一一月二三日の元禄地震、宝永四年(一七〇七)一〇月四日の宝永地震津波、安政元年(一八五四)一一月四、五日の安政東海・南海地震、明治以降では明治二九年(一八九六)六月一五日の明治三陸津波、昭和八年(一九三三)三月三日の昭和三陸津波、そして平成二三年(二〇一一)三月一一日の東日本大地震による大津波である。これらはすべて太平洋岸の広い地域にわたり大きな被害をもたらした。

またこのほか、震害が認められないが、異常に高い津波で膨大な人命が失われた明和

「地震があったら 津浪の用心」と刻まれた文字碑。宮城県唐桑半島の宿浦にて

八年（一七七一）の八重山津波や、噴火にともなう山崩れが津波をひきおこした寛政四年（一七九二）の島原雲仙岳噴火などがある。

こういった地域には、津波犠牲者を弔う供養塔が建立され、また地震がおこった際に高台に避難することを促す文字碑が建てられた。さらには津波が押し寄せた浸水域を示す石標も各所に置かれた。

民俗誌においては、内陸での災害と沿岸での災害では、それにまつわる怪異や妖怪も違ってくるとされる。民俗学者の宮田登《みやたのぼる》は、「妖怪研究でも、妖怪には山と海のもつそれぞれの属性があり、山の妖怪と海の妖怪は別個に収集されてきている」という。山の妖怪については、山の神の大きな存在が背景として考えられ、山神・山姥・山男・天狗・山伏・修験などの相互関連から説明することができるが、そのいっぽうで「海の妖怪については、なかなか実体がとらえにくい」と宮田は指摘する。

海の妖怪として最も思い浮かべやすい「海坊主《うみぼうず》」にしても、その形が小児のようで「海小僧」と呼ばれる場合は、海上を歩き、船の行く手に出てくる。海小僧が現われると、しばらくして大風が吹くというので、船頭はただちに大風に備える。つまり幼童の形をとる海坊主は、守護霊として航海安全を保障するというのである。しかし海坊主が、「人の頭の五倍ぐらいの大きさ、目は巨大で輝き、くちばしは鳥のように長い」といった入道の姿で現われると、状況は恐ろしいものとなる。

明治一二年（一八七九）一〇月二〇日の「安都満《あづま》新聞」には次のような記事が掲載されている。「一〇月七日の日没のころ、上総国部原《へばら》浦のカツオ釣舟が漁を終えて浦の沖合まで漕いでいると、船の右方に、巨大な怪物が突然波間を分けて現われたという。馬のような鼻面で両眼は鏡のようにあたりを見回しているようすで、船乗りたちはうろたえるばかりで生きた心地がしなかった。しばらくすると巨大な怪物はガバッと音を立てて海へ沈んでいった。この出来事を村のものに話すと、八〇歳余りの老人が、それは海坊主という怪物で無事に帰ったことはめでたい、といって祝宴を開いた。その後、海坊主の姿を描いた絵は虎列刺《コレラ》除けに効くということで、家々の戸口に貼っておいたところ悪病に感染するものが出なかった。その村では海坊主の図像が悪病から守ってくれる信仰の対象になっている」。

また柳田国男の弟子のひとりで、民俗芸能の先駆的研究書『花祭《はなまつり》』を書いた早川孝太郎《はやかわこうたろう》（一八八九―一九五六）は、「海坊主」を目の当たりにしたとされる。災害と結びつく逸話ではないが、民俗学者がみた妖怪譚としてここに紹介しておこう。

『遠野物語拾遺』の完成に尽力した鈴木棠三の「怪異を訪ねて」（昭和三四年・一九五九年）によると、早川は昭和九年（一九三四）に、鹿児島県の離島「黒島《くろしま》」へ調査に渡り、その帰途に不思議なものを見た。木炭運搬のポンポン船に便乗して、鹿児島へ帰る途中、開《かい》聞岳《もんだけ》を左手にしつつ北上していた夜の一〇時か一一時ころのこと、「用をたそうとして、船尾の甲板の方に立って、見るともなしに、白い航跡の方に眼をやった時、真暗な海上に一人の壮漢《おとこ》が見えた。はっとしたが、溺れているとは思わない。泳いでいるのだろうと思ったという。しかし、その男は普通の形で泳いでいるのではなく、水上にその筋骨たくましい上半身を出して、立ち泳ぎのように直立しているのであった」。

早川は、「それはどういう漁法だろう」と、民俗採訪者らしいことを考えたが、不可解にもその男は「水を掻《か》いて泳いでいるのでもないのに、船から何間《なんげん》か後を、船と同じ速度で、ちょうど曳船か何ぞのようにして、同じ間隔を保ちながら、ついて来るのである。そうしてしばらくしたと思われる時、あーあ、と大きなあくびをした」。

船生きた人間ではないということに気づいて、ぞっとして船室に戻ろうとするとき、船長が「何か見ましたか」と聞いてきたが、「いいえ」と答えて船室に駆けこんだ。真っ暗闇の中にもかかわらず、壮漢の隆々たる筋骨のさままではっきりと見えたも不思議であった。鈴木が早川に、「いったい、そういうのは、何と呼ぶべきものなのでしょうね」とたずねると、「海坊主というのじゃアないかなア」と答えたのだという。

早川孝太郎の体験談は怪談の類ではなく、『遠野物語』に収録された民譚とも性質の異なるものだ。この話が人にもたらす印象は、柳田国男の「幽冥談」で池原香雅が播州宇野の近くで出遭った、天狗の話を思い起こさせる。また「海の上を人が歩く」光景は、まえがきに記したように、平成三陸津波の被災者もみたものであることを指摘しておきたいと思う。

物言う魚

柳田国男は「魚王行乞譚《ぎょおうぎょうこつたん》」（昭和五年・一九三〇年）のなかで「水の神の信仰の基調をなしたものは怖畏である。人は泉の恵沢を解する前、すでに久しくその災害を体験していた」と述べる。そして、水の災いによって命が失われた場合に、その事件の場所の近くに姿を見せた動物を、「水の威力の当体」と信じたのではないかと推論した。

日本人が畏れかつ拝んだものは、「水その物ではなく水の中の何物かであり、それがまた常に見る一類の動物の、想像し得る限りの大いなるもの、または強力なるものであった」。柳田が指摘するとおり、大鯰や大鰻が災害をおこし、あるいは災害を予知したという伝承は多い。またいっぽうで、この世ならぬ生物が災害にかかわると考える例も少なくなかった。

河童が河川や湖沼の妖怪の代表だとすれば、海の妖怪の代表は人魚だろう。

菊岡沾涼《せんりょう》が著した地誌『諸国里人談』(寛保三年・一七四三年)には、若狭の漁師が人魚を殺してしまい、それがもとで大風や地震がおこって、漁師の村は崩壊したという話が収録されている。人魚が出現するのはきわめて稀なことで、その出現は吉凶の前兆とも、大津波や暴風雨の前兆であるともいわれた。また、人魚を殺したり食べたりすると、あとで悪いことがおこるともいわれた。鎌倉時代の世俗説話集『古今著聞集《ここんちょもんしゅう》』(橘 成季《たちばなのなりすえ》編著)にも、漁師が人魚を食べたあとに「祟《たた》りなどがたえなかった」と、人魚の祟りは古くから恐れられていたようである。

海の災害にかんして柳田は「魚王行乞譚」や「物言う魚」(昭和七年・一九三二年)で、

魚が人間の言葉を発したという話をいくつも紹介している。それらの多くは口をきくことなどないはずの魚が災害を予告し、それを信じたものは救われるが、そのほかのものは大津波にのまれて死んでしまうといった災害伝承である。

佐喜真興英《さきまこうえい》の『南島説話』に再録された中頭郡《なかがみ》美里村大字古謝《こじゃ》の口碑を、柳田は「物言う魚」のなかに掲げる。

昔この村に一人の塩焼男があって、海水を汲みに出て一尾の魚を捕り、それを籠に入れてわが家の軒につるしておいた。するとやがてその籠の中から「一波寄するか二波寄するか三波寄するか」という声がする。不思議に思って覗《のぞ》いて見ても、魚より他には何物もいない。こんな魚は放す方がよいと思って家を出ると、途中に知り合いの無頼漢《ぶらいかん》に出逢った。放すよりは私にくれといって、持って行って料理をして食べようとしていると、ちょうどその時に大海嘯《つなみ》がやって来て、近隣の人畜ことごとく押し流してしまったというのである。

（「物言う魚」）

物言う霊魚を料理して食べようとしたものは、大津波により罰せられた。いっぽうでそれは、魚を放そうとしたものの命が助かったことを意味し、塩焼男が生き残ったからこそ、この「怖ろしい誡《いまし》めの話」は後世に伝わったのだと柳田は述べる。さらに、「やろか水」伝承と同じく、「小賢《こざか》しくかつ不注意なる者は災いを受けて死に、愚直にして霊異を畏《おそ》るる者が助かってその見聞を述べた」のは、昔話という形式において最も普通で、しかも由緒ある様式であったと指摘する。

南島地方の古くからの災害として、「シガリナミ（海嘯《つなみ》）」がある。海嘯が記憶に最も印象強く残っているのは自然なことだが、ただわずか一尾の魚を尊敬しなかったことで島民や漁村民が死に絶えた、と伝えるのは不思議なことではないかと柳田はいう。しかしそれは、各地に伝播していることから孤立した伝承ではない。寛延元年（一七四八）にできた『宮古島旧史』は、この群島の稗田阿礼《ひえだのあれ》というべきものたちが、口伝えに伝えてきた「アヤゴ（歌謡）」を国文にしたものだろう。このように註釈を加えたうえで柳田は、「物言う魚」にその原文を再録している。

むかし伊良部《いらぶ》島の内、下地《しもじ》という村ありけり。ある男漁に出でてヨナタマという魚を釣る。この魚は人面魚体にしてよくものいう魚となり。漁師思うよう、かかる珍しきものなれば、明日いずれも参会して賞翫《しょうがん》せんとて、炭を起してあぶりこにのせて乾かしけり。その夜人静まりて後、隣家にある童子俄《にわ》かに啼《な》きおらび、伊良部村へいなんという。夜中なればその母いろいろこれをすかせども止まず。泣き叫ぶこといよいよ切なり。母もすべきようもなく、子を抱きて外へ出でたれば、母にひしと抱きつきわななきふるう。母も怪異《かいい》の思いをなすところに、はるかに声を揚げて（沖の方より？）

ヨナタマヨナタマ、何とて遅く帰るぞ

という。隣家に乾かされしヨナタマの曰く、

われ今あら炭の上に載せられ炙《あぶ》り乾かさるること半夜に及べり、早く犀《さい》をやりて迎えさせよ

と。ここに母子は身の毛よだって、急ぎ伊良部村にかえる。人々あやしみて、何とて夜深く来ると問う。母しかじかと答えて、翌朝下地村へ立ちかえりしに、村中残らず洗い尽されて失せたり。今に至りてその村の跡形はあれども村立はなくなりにけり。かの母子いかなる隠徳ありけるにや。かかる急難を奇特にのがれしこそめずらしけれ。

「物言う魚」を、伊良部島では「ヨナタマ」といった。「ヨナ」は「イナ」とも「ウナ」ともなり、いまも日本の各地にある「海」を意味する古語で、たぶん「ウミ」という語の子音転換であろうと柳田は推論する。もしそうであるなら「ヨナタマ」は「海霊」、つまりは「海の神」であろう。釣った魚を「海の神」だと知らずに焼いて食おうとしたものが、村を挙げて津波の罰を受けた説話だとすれば、それは昔話という以上に、神聖なる神話であったかもしれない。また幼児の無意識の挙動により、母と子の命だけを救ったというところには、なにか信仰上の意味が含まれていたのではないか。

こういった点をより深く説くには「いまはまだ材料が足りない」と断りながらも、柳田は伝承の深層に降りていこうとする。しかし「宮古《みやこ》郡伊良部島の下地には、現在はすでにまた村ができている。そうしてこの仲宗根《なかそね》氏の『宮古島旧史』の存在を、まったく知らぬ人が多い」のだという。口碑というものが記念碑にならぬまま津波に襲われた村が復興したことを、柳田は暗に示唆しているのである。

四章

鯰や狼が江戸の世にもてはやされたという事

遠野の不地震地

遠野には「不地震地」と呼ばれ、地震のときにも揺れることがなく、そこに逃げこむようにすすめられる伝承地がいくつもある。『遠野物語』にもそのうちのひとつ、土淵村和野《わの》の不地震地が紹介されている。

一一三 和野にジョウヅカ森という所あり。象を埋めし場所なりといえり。ここだけには地震なしとて、近辺には地震の折はジョウヅカ森へ遁《に》げよと昔より言い伝えたり。ここは確かに人を埋めたる墓なり。塚のめぐりには堀あり。塚の上には石あり。これを掘れば祟りありという。

○**ジョウヅカ**は定塚、庄塚または塩塚などとかきて諸国にあまたあり。これも境の神を祀《まつ》りし所にて地獄の**ショウツカ**の奪衣婆《だつえば》の話などと関係あること『石神問答』に詳《つまびらか》にせり。また象坪などの象頭神とも関係あれば象の伝説は由なきにあらず、塚を森ということも東国の風なり。

柳田はこれ以上深く、この不可思議な伝承地についてふれていない。いっぽう『遠野物語』の成立に貢献した遠野在住の人類学者・伊能嘉矩《いのうかのり》（一八六七―一九二五）は、一〇〇部限定個人出版による「遠野史叢」の第四篇として、「猿ヶ石川流域に於ける不地震地」（大正一三年・一九二四年）と題する論考を著している。

伊能は岩手県遠野の横田村新屋敷（現在の遠野市東舘《ひがしだて》）に生まれた。東京帝国大学人類学教室で坪井正五郎から人類学を学び、明治二七年（一八九四）には東京人類学会例会で「オシラサマに就きて」と題する講演をおこなうなど、柳田国男、佐々木喜善と続いていく遠野民俗学の発端を開いたのである。明治四二年（一九〇九）、『遠野物語』出版の前年に遠野を訪れた柳田は伊能と会い、遠野南部藩の家臣、宇夫方広隆《うぶかたひろたか》が書いた『遠野旧事《くじ》記《き》』（宝暦一二年・一七六二年）を見せてもらうなど親交を深めた。また台湾の人類学調査に力を注いだが、当地で感染したマラリアにより五九歳で病死した。

伊能がこの論考のなかで紹介した遠野の不地震地は一二ヶ所におよぶ。その地名を列挙すると

（一）和賀郡谷内村大字田瀬字大野の糠森即ち神塚　（二）上閉伊郡宮守村大字宮守字

塚沢の地森《ぢもり》（三）上閉伊郡小友村字山谷土名石鍋の行灯森《あんどんもり》及字鍛冶ヶ沢土名時洞《ときんぼら》の行灯森（四）上閉伊郡鱒沢村大字上鱒沢字花輪の不地震地（五）上閉伊郡綾織村大字綾織字山口土名大橋の経塚森（六）上閉伊郡附馬牛村大字附馬牛字大出《おいで》の早池峰神社新山宮境内のサンキヤウ（七）上閉伊郡松崎村大字駒木字上野《かみの》の地震が森（八）上閉伊郡土淵村大字土淵字元土淵（九）上閉伊郡土淵村大字栃内字北野のシヤウヅカ森（一〇）上閉伊郡青笹村大字中沢瀬内の陣が森（一一）上閉伊郡上郷村大字清水川《すずかわ》の石神《いしがみ》稲荷境内（一二）上閉伊郡上郷村大字細越字岩崎の経塚である。

このうち、「（九）上閉伊郡土淵村大字栃内字北野のシャウヅカ森」は、地名は多少異なるが、『遠野物語』一一三話の「ジョウヅカ森」と同じ場所だろう。「その位置東海の屏障《へいしょう》をなす連岡の西麓を占め、南は明神沢、北は寺沢の間に介在し、人工を加えられし円き土塚をなし、周囲約百三十尺高さ約十尺、さらに外方に低き土堰《どせき》を周らし、かつ西部にやや細長き平壇を付属し頂部に高さ三尺余の自然石（花崗岩）を据え、古来地震のせぬ所と伝えている」という説明が加えられ、その地形と遺構、伝承からここには寺院があったと推測する。

遠野の不地震地。土淵村大字栃内字北野の「シヤウヅカ森」

伊能は、これらの不地震地の多くに共通する特徴として、自然の形成によるか人為の加工によるかの差はあるにしても「墳丘の特質をもつこと」、自然の露出か人為の運搬かにかかわらず「岩石の存在が認められる」と指摘する。前者は「地震の神」の祭壇としての遺址であった証拠とみなしうるもので、後者は鹿島（茨城県鹿嶋市）や武志（島根県出雲市武志町）の要石《かなめいし》の系統につらなる神秘的な対象として比較資料になるものであろう。そのほか、上閉伊郡小友村の二ヶ所の不地震地に「行灯森《あんどんもり》」という名前がついているのは、たぶん「安堵森《あんどもり》」の転訛《てんか》であろうと思われるという。

地震のときに「キヨツカキヨツカ」と唱えれば、地震が止んだり、家の破壊を免れるという言い伝えがある。「キヨツカ」は「経塚」のことと思われ、経塚は経巻を埋めたという伝説をともなうことから、経巻を埋めたことによって、襲いかかってくる邪悪な霊が鎮められるのだと解釈されている。

安政の大地震

大正一二年（一九二三）の関東大震災以前に江戸東京を襲った地震のなかで、「安政江戸地震」は歴史の転換点でもあり、「鯰絵《なまずえ》」をはじめとする民俗資料や民俗伝承にも事欠かない。

この地震は、安政二年一〇月二日夜四ッ時（太陽暦では、一八五五年一一月一一日二一時三〇分ごろ）に発生。震央は東京湾北部、地震の規模はマグニチュード七・〇〜七・二、震源の深さは四〇〜五〇キロメートルと考えられる。被害は江戸市中を中心に埼玉、千葉そして神奈川県におよんだ。地震の震動による家屋の倒壊と火災により、丸の内、本所、深川などで七〇〇〇人を超す死者が確認されたが、実際には一万人以上にのぼると推定される。大名小路（現在の大手町、丸の内）、本所（現・墨田区西部）、深川（現・江東区南部）、吉原など地盤が軟弱な地域では、多くの家屋が倒壊した。また火災は市中の三〇ヶ所からおこり、各地で延焼。地震の後におこなわれた調査をまとめた『安政地震焼失図』により焼失面積を算出すると、一・五平方キロメートルにおよんだとみられる。

安政年間は日本の各地で多くの大地震が発生した時代であった。安政江戸地震発生の前年である安政元年一一月四日（一八五四年一二月二三日）には安政東海地震、その約三二時間後に安政南海地震が発生し、安政江戸地震と合わせて「安政三大地震」と呼ばれる。また、安政南海地震の二日後には豊予海峡地震もおきた。ただし、安政東海地震・安政南海地震・豊予海峡地震は「安政」への改元前に発生した地震である。これらの地震や黒船の来航、京都の大火による内裏炎上などが相次いだため、嘉永七年一一月二七日（一八五五年一月一五日）に、嘉永から安政に改元されたのである。

地震と鯰

日本では、常陸国鹿島の神が、大地に要石を打ちつけ、鯰《なまず》の頭尾を押さえこんでおり、鹿島神が留守をしたり、気をゆるませたりすると、地震になるといわれてきた。

要石を大地を支える柱とする考え方は、鎌倉時代初期の『鹿島宮社列伝記』ですでにみられ、そこでは要石は琵琶湖の竹生島とともに、「金輪際《こんりんざい》」（仏教の宇宙観における大地の最下底）から生えた石で、地震でも揺らがないという。大地を支える柱の神話では、『詞林《しりん》采葉抄《さいようしょう》』（正平二一年／貞治五年・一三六六）に、鹿島の神が要石を柱にして、藤の根で日本国を繋いでいるというものもある。

『筑前国続風土記　巻六』は「鯰淵《なまずぶち》」について、「山田村にあり、一の堰手の上なり、この淵に鯰魚多し、つねに見ゆることなし、岩穴の中にありという、国天下に変あるときは、必ずあらわれてあつまるという、天正一四年七月、薩摩の軍この国を乱妨せし前に、この淵中に鯰すき間なく泳ぎ出ぬ、元和元年大坂陣の時も、また鯰出たる事古のごとし」と記し、天下大乱がおきる前兆として鯰《なまず》が出現したとする。また『倭訓栞後編《わくんのしおり》』には、「洪水などの時、山中の洞窟より数万の鯰湧き出ることあり、これ俗になまずのかまといえり、関東もと鯰なし、戊申の歳の洪水より今は常用の物となれりとぞ」とし、鯰と洪水を関連づける。また『竹生島縁起《ちくぶじまえんぎ》』には「海竜変二大鯰一、廻レ島七匝《めぐり》」とあり、竜蛇が大鯰に変じて、琵琶湖の主になったと言い伝えている。

寛永一〇年（一六三三）正月、江戸を大地震が襲い、日本の各地でも地震と疫病が流行した。その際に、「鹿島の事触《ことぶれ》」が鹿島明神の神輿をかついで諸国を訪れ、疫病を祓ったといわれる。柳田国男は最晩年の著書『海上の道』（昭和三六年・一九六一年）に収録した「みろくの船」（昭和二六年・一九五一年）のなかで、鹿島の事触についてふれている。

我々のこれから資料を捜し求めて、由来を明らかにしてみたいと思うことの一つは、鹿島の事触《ことぶれ》と呼ばれた下級神人の巡歴である。近頃の記録に出ているのは、すべて願人坊主《がんにんぼうず》に近い門付《かどづ》け物貰《ものもら》いの徒であったが、それでもまだ彼等の唱えあるいた歌詞などの中には、比較に値するわずかずつの特徴が伝わっている。そうして鹿島の神威のまったく及ばぬような遠い地方にも分散して、活計《かっけい》のためにかなり自由な宣伝もしていたらしいが、別に本社の公認を受けて、御札配り等をした者も少しはあって、両者の分堺《ぶんかい》は必ずしも明白ではなかった。『常陸国誌』の記すところによれば、鹿島事触は夙《はや》く現われ、すでに寛文一〇年（一六七〇）という年に、寺社奉行は大宮司則教の申立てに基づいて、彼等の業務を祈禱と札配りとに限定し、それも本社の允許《いんきょ》を受くることを必要とし、かつ事触の名を改めて、御師《おし》ということにしたとある。

鹿島の事触については安政大地震の際に鯰と結びつけた伝承が残され、その図柄は鯰絵にも描かれて流布した。その伝承のひとつは次のようなものである。

安政大地震の直後に、江戸の女が鹿島の事触を操る霊能者と会うため、鹿島の地を訪れた。そして宿屋の奥の開かずの部屋で、霊能者とされる男と出会ったという。その男は、額の狭い、口の大きな、二本の髭がピンとはねて、たれ下った面相をしており、なんともいえない嫌な息を吐く。女は自分の子が大地震で怪我をしたので悩んでいたら、鹿島の事触がきて、鹿島のほうから鯰男が怪我人を助けにやってくるだろうと説いた。そこで救いを求めに鹿島へ来た。霊能者は呪文を唱え「あの子は助かる、目を切らなくても開く、鼻をそがなくても治る」と託宣したという。その後、霊能者は横たわったまま身動きしなくなった。女が我に返って、あたりを見まわすと、護符にくるまった鯰が一匹そこにいるばかりであった。

宮田登は、『終末観の民俗学』（昭和六二年・一九八七年）の第一章を〈災害のフォークロア〉と題し、こういった地震鯰にかんする伝承を豊富に紹介しながら、そこに現われた災害ユートピア観について考察している。近年ではレベッカ・ソルニットが『災害ユートピア――なぜそのとき特別な共同体が立ち上がるのか』において、欧米の現代の事例から、大災害のあとに大衆が理性的な行動をとることを説きおこした。いっぽう日本の江戸の民衆は災害にカタルシスを感じ、経済的恩恵を受けたものは鯰を歓待したことが宮田の本では述べられる。さらに『終末観の民俗学』第二章〈「世の終り」の伝統〉では、カタストロフ的な大災害がもたらす「終末観」が再生の契機としての「世直し」観念に結びつくこと、「ミロク」に代表されるようなメシア＝救世主を待望する期待感が民衆の意識のなかに潜在していることなどを明らかにした。

鹿島と香取の要石

茨城県鹿嶋市に鎮座する鹿島神宮《かしまじんぐう》は、日本全国に約六〇〇社ある鹿島神社の総本社で武甕槌神《タケミカヅチ》を祭神とする。同県神栖市にある息栖《いきす》神社、千葉県香取市にある香取神宮と合わせて東国三社と呼ばれる。

社伝によると、創建は神武天皇元年（紀元前六六〇年）とされ、平安時代中期の『延喜式神名帳』では古来より霊験著しい名神《みょうじん》大社と名を連ねる。また平安時代に「神宮」の称号で呼ばれていたのは、鹿島と伊勢神宮・香取神宮の三社だけである。

地震鯰《なまず》を押さえる要石で知られる鹿島神宮だが、平成二三年（二〇一一）の東日本大地震では大きな被害を受けた。神社本庁の関連記事を中心に扱う新聞「神社新報」の三月二八日付によると、「本殿千木損壊、大鳥居損壊、裏参道鳥居損壊、灯籠六十基倒壊、文化財関係建物は被害なし」と伝えている。また香取神宮のほうは「社務所屋根、付属施設屋根瓦落下、石灯籠百基余り倒壊、石鳥居に亀裂」という被災状況だった。なお、大鳥居が損壊した鹿島神宮では、平成二六年をめどに再建をめざしているという。

鹿島神宮に参拝するには、ＪＲ鹿島線の鹿島神宮駅から歩いて約一〇分、あるいは東京駅八重洲口からの高速バスに乗車すると神域のすぐ近くまでくることができる。徳川秀忠の寄進による本殿・拝殿は国の重要文化財で、後方には杉の神木が聳える。総朱塗り二階建ての楼門やもとは本殿だった奥宮も優れた神社建築として知られるものだ。また藤原氏による奈良・春日大社の創建に際して、分霊を白い神鹿に乗せていったという伝承から、神使である鹿が飼われた鹿園もある。

要石は、社殿群から離れた、森のなかにある。地上に出ているのはほんの一部で、地中深くまで伸び、地震を起こす大鯰を押さえているとも、貫いているともいわれている。要石は千葉県香取市の香取神宮にもあり、鹿島神宮の要石は大鯰の頭、香取神宮の要石は尾を押さえているとされる。また、ふたつの要石は地中で繋がっているという言い伝えもある。鹿島神宮の祭神である武甕槌神は、大鯰を踏みつけたり、剣を振り下ろす姿が、鯰絵にはよく描かれた。

「ゆるげども、よもや抜けじの要石、鹿島の神のあらん限りは」。鹿島神宮と地震にかんする俗信は、この歌によるところが大きいという。鹿島の事触が、鹿島明神が地震除けに霊験があることを各地に広める際に、この歌を用いたとされる。江戸時代には「ゆるげども……」の歌を紙に書いて三回唱えて門に張れば、地震の被害を避けられるともいわれた。しかし、鹿島明神と要石と鯰のこういった結びつきは、日本全国におよぶものではなく、関西においては、瓢簞で鯰を押さえる絵柄のほうが広く親しまれた。

安政大地震の際に出版された鯰絵は、災害報道を主とする瓦版とともに大量に刷られた。震災後の世相に合わせた風刺を盛り込んだ絵柄は、江戸庶民の人気を博したのである。現在確認されているだけでも二〇〇以上の図像があり、浮世絵師の歌川国芳《うたがわくによし》や戯作

上／鹿島神宮の「要石」。大鯰の頭を押さえていると言い伝える
下／大鯰の尾を押さえているという香取神宮の「要石」

者の仮名垣魯文《かながきろぶん》らもかかわったとされる。

鯰絵にみられる、「災害ユートピア」というべき大衆の熱狂や、機知に富んだ想像力を評価し、民俗学的研究対象にした人物として、オランダ人研究者のコルネリウス・アウエハント（一九二〇～一九九六）の名が知られている。アウエハントはオランダのライデン市に生まれ、ユトレヒト、ライデンの両大学で中国語、日本語、文化人類学を学んだのち、鯰絵のコレクションを多数所蔵するライデン国立民族学博物館の日本部門の責任者となった。その後日本に来日して、柳田国男主宰の「民俗学研究所」でも研究活動をおこない、その研究成果を『鯰絵――民俗的想像力の世界』（昭和五四年・一九七八年）にまとめたのである。

鹿島神社の全国分布と地震発生との関係にかんする地震学者・都司嘉宣《つげよしのぶ》らの調査研究によると、地震信仰のある鹿島神社と、地震信仰のない鹿島神社とが存在するという。たとえば、全国の鹿島神社のうち少なくとも半数以上が分祀したとされている茨城県鹿嶋市の鹿島神宮では、当初地震神の性格を備えていなかった。そのいっぽう、地震信仰をともなった分祀として知られる最古の事例として、保元二年（一一五七）に分祀した熊本県竜北町の鹿島神社がある。また、この調査では、地震信仰をともなう要石があり、

鯰絵「鹿島要石真図」 写真提供・所蔵：埼玉県立歴史と民俗の博物館

さらに鹿島の神として認識されている神社九ヶ所で、これらの神社が地震や津波にたいして安全な土地に立地する理由を検討し、静岡県清水市袖師の鹿島神社や和歌山県南部の鹿島神社のように、地震や津波の被害が少なくなる条件を備えた場所に神社が存在することが明らかにされた。また、当時、地域の人びとが過去におきた地震の被害などを受けて、そこが地震に強い土地であることを認識したうえで、鹿島神宮が分祀された可能性があると指摘する。

また寛文二年五月（一六六二年六月）に京都で大地震がおこった際に、徳川政権下で廃絶の憂き目にあっていた豊臣秀吉を祀る「豊国廟」が、周囲に被害がなかったことからにわかに地震除けの流行神となったということもあった。

鹿島信仰が各地に伝播するなかで広がっていった「鹿島流し」「鹿島送り」と呼ばれる神送りの習俗や、「鹿島人形」「鹿島様」というおもに藁でできた人形が、関東から東北地方にはみられる。鹿島流しは、疫病神を人形に託して船に乗せ、川や海に流すもので、菅江真澄の『軒の山吹』によると、秋田では文化七年（一八一〇）の大地震以来、地震のない常陸鹿島の社を慕って、この舟祭りがさかんになったという。

鹿島人形には鹿島流しの際に流されるものと、村境に立てて悪霊や悪疫の侵入を防ぐものの二種類があり、秋田県の南部には、三メートルから四メートルにおよぶ巨大な藁人形の「鹿島様」が数多くみられる。菅江真澄は『雪の出羽路』で、現在の秋田県横手市平鹿町醍醐や同湯沢市稲庭で藁人形の絵を描き、それにたいして「鹿島人形という処あり、草仁王という処あり」と説明している。こういった鹿島様は村境につくられた「悪病除け」のための人形道祖神で、「カシマ」「ニオウ」「ショウキ」「ドンジン」などと呼ぶ地域もある。

秋田県湯沢市岩崎には三体の鹿島様があり、旧岩崎村の北入り口に一体（栄町の鹿島様）、西入り口に一体（末広町の鹿島様）、南入り口に一体（緑町の鹿島様）が配置され、当該地区だけでなく、岩崎村全体に疫病の侵入を防ぐ「境の神」として祀られたとみられている。岩崎では、鹿島様の衣替えをし、お神酒《みき》を上げて、簡単な酒宴を開いて祝うことを「鹿島まつり」という。材料になる藁は各家から一把ずつ持参するのが慣わしであったが、農作業の変化によって藁が出なくなり、特別に藁を購入するなどの苦労があるという。

また鹿島の事触が広めたと考えられる「鹿島踊」が、房総半島南端から伊豆半島東岸に集中して伝承されている。この踊りには「江戸時代に疫病が流行ったとき、鹿島神宮の神輿を招き、神輿を中心とした神人たちが踊って疫神を送り出した」という伝承が各地に残り、伝播の手がかりを示しているとみられる。鹿島踊の基本は、鹿島の事触の姿を真似たといわれる烏帽子《えぼし》と白丁《はくちょう》の装束をまとって、御幣の先に三本足の烏を描いた丸い鏡状の日形と、兎を描いた月形、金色の柄杓《ひしゃく》、鉦《かね》、扇子などをもって、ほぼ同じ内容の歌詞に乗って踊られる。典型的なものでは「誠やら熱海の浦に、みろくのお舟が着いたとよ、ともえには伊勢と春日と中は鹿島のお社……」といったものである。また茨城県鹿嶋市や千葉県の房総半島南端付近には「みろく踊」といって、おもに女性が祝い事などの際に集まって踊る芸能が伝承されている。柳田国男は「みろくの船」のなかでみろく踊と、沖縄地方のミロク信仰のかかわりについて想像をめぐらせた。

地震鯰以前

そもそも鹿島の要石に押さえこまれているのは、かつて鯰《なまず》ではなかった。

いまでは日本中に生息している鯰だが、関東以北に広がったのは江戸時代以後のこと

秋田県湯沢市岩崎の「鹿島様」

であった。史料と遺跡から出土する鯰の骨の分布の状況から、関東には江戸時代中期、東北へは江戸時代後期に鯰が進出したとされる。鯰が出土する遺跡は、ほとんどが西日本、しかも滋賀県以西に分布して、柳田国男は「江湖雑談」（大正一三年・一九二四年）で「秋田から津軽地方にかけて鯰のはいって行ったのは百年位前のことだそうであるが、鯰が繁殖し出してから、あそこのコイやその他の魚が減って、川魚の関係が違って来たと聞いている」と述べている。

また、江戸時代には、「鯰は淀川と琵琶湖、諏訪湖のみに生息している」（『本朝食鑑』元禄一〇年・一六九七年）、「江戸で洪水のあと、鯰がいた」（『魚譜』文政元年・一八一八年）、「天保末年に最上川下流に鯰が出現した」（『両羽博物図譜』弘化元年・一八四四年）といったように、関東や東北にそれまでいなかったナマズが広がったことを示す史料も残る。

そして、江戸時代の初期までは、要石の下には、竜がいると語られていたのである。寛永元年（一六二四）に刷られた「大日本国地震之図」には、日本国を竜蛇がとり囲み、その首尾が重なった地点が常陸の鹿島で、そこに要石が打ちこまれている。また寛文二年（一六六二）の京都大地震のあとに書かれた仮名草子『かなめいし』にも、「俗説に五帝竜王この世界をもち、竜王いかるときは大地ふるう」と記されている。つまりこれは竜蛇が世界を支えるという世界観に基くもので、この図柄が成立した一七世紀にはまだ地震鯰は生まれていなかったと考えられるのである。

竜がおこすと考えられてきた災害である「竜巻《たつま》き」にも少々ふれておこう。

平成二四年（二〇一二）五月六日、茨城県つくば市で竜巻が発生し、市の北部を中心に大きな被害が出た。この竜巻で、つくば市では一人が死亡、三四人がけがをし、一〇〇棟以上の住宅が倒壊するなどの被害をもたらした。竜巻は日本でも珍しいものではなく季節を問わずどこでも発生し平成三年から平成一八年の統計では、日本国内年平均で、約一七個の竜巻が発生しているが、その発生のメカニズムはまだ十分に解明されていないという。

民俗学的には、タツは神霊の出現を意味する言葉で、大気の激しい旋回に神霊の出現をみたのがタツマキである。タツマキのときに、竜神が天に昇ると考えられているのは、竜神信仰が中国から渡来して、日本古来の水神と習合してからの変遷である。この習合の背景には水神や海神の姿を蛇とする古い信仰があり、江戸時代前期の『百姓伝記』には、「竜は海に千年、川に千年、山に千年、すみてのち、天上する」と記している。台風は竜がとおるためにおこり、竜の尾がなでると屋根が飛ぶともいう。

新潟県魚沼郡では旧暦五月六日におこなう「鎌祭」の日、地域の村々では田植えの準備のため田をならす代掻《しろか》きや、機織を禁じた。その禁を犯せばその年竜巻があり、作物に害をなすと伝えていたという。また九州では竜巻のことを「エーノー」「エーノイオ」などと呼び、天から海水を吸いあげるという。これを避けるために腰巻を棒にくくりつけて振るところもある。

予言する鯰と鰻

鯰《なまず》にまつわる災害伝承をいくつか紹介しておこう。

『寓意草』によると、享保一三年（一七二八）に江戸で大洪水があった。洪水がおこる前、神田上水小日向《こひなた》に住む鈴木一夫という老人が「このあたりに大水が出るだろう」と言った。しかしそこは高台にあるから水害はないだろうと聞くと、老人は、「古くからの言い伝えで、鯰のないところに鯰が出てくると必ず大水がある」と言う。「昨日、家の子どもが五寸ほどの鯰を溝ですくい取った。もともと江戸には少ないといわれる鯰が出てきたのは、大水の出る予兆ではないか」。実際に、その年の九月になると雨が降りしきり、橋は流れ堤は崩れて、人馬が数多く死んだ。一万一〇〇〇もの溺死体が品川に流れついた、江戸では古今未曾有の災害であった。

三章で、洪水を警告する「物言う魚」にふれたが、鯰もまた、物言う魚であった。『今昔物語集　巻二〇』におさめられた「出雲寺の別当浄覚父の成りし鯰の肉を食ひて現報を得る」も、鯰の霊力を物語る説話である。

浄覚の夢のなかに、死んだ父である前別当が現われて言うには、「自分は仏罰のためいまは三尺の大鯰の身となり、この寺の瓦の下に住みついている。じつは明後日の未の刻に大風がおきて、この寺は崩壊する。寺が倒れると自分も地に落ち、地面を這いまわることになる。そして、それを見た子どもが自分を撃ち殺そうとするだろう。お前はそれを防いで、桂河へ連れて行って放してほしい」と告げた。その日がくると、午の刻ごろから一天俄《にわか》にかき曇り、大風が吹きはじめ木々を折り、家屋を倒しだした。村中のものが防ごうとしたが、風は強まるばかりで、村中の人家も野山の草木もことごとく倒され、未の刻に出雲寺も崩壊した。棟が崩れると裏板のなかには、雨水がたまったところがあり、そこに多くの魚がいたが、一度に庭に落ちた。近所のものが押しかけて桶でかき出すと、三尺ばかりの大鯰がはい出てきた。しかし浄覚は、夢のお告げを気にもせず、草刈鎌で鯰をかき切り、ほかの魚と一緒に家に持ち帰った。そして妻の止めるのも聞かず食べてしまった。すると浄覚の喉に骨が突き刺さり、浄覚は死んでしまった。

日本で鯰のほかに古くから霊魚とされてきた魚は鰻《うなぎ》であった。

東北地方には、虚空蔵《こくぞう》菩薩の使わしめとして鰻を崇めていた村々が多く、虚空蔵を祀る寺社の境内の池には鰻が放たれていることがよくあり、決してそれを食べてはならないといわれる。またそうした地域では鰻が人間に化けて出現し、小豆飯や団子をご馳走になったという話が伝わる。

宮城県登米郡錦織村にある「マサボウの滝」の伝説では、旅の僧が二匹の鰻を見つけ、一匹をつかまえて袋に入れて立ち去ろうとした。すると、淵のなかから、「マサボウヤマサボウヤイツ来ルカ　マサボウヤ」という声がした。それに答えて袋のなかから「来ルヤ来ズノマサボウヤ」という声がしたので、僧は驚いて鰻を放した。

柳田国男も「魚王行乞譚」に、山口県豊浦郡滝部村で「つい近頃の事件のように伝えられている」話として、鰻にまつわる災害を記録している。

滝部では一夏非常な大旱魃《かんぱつ》があって、村を流れる粟野川の骨ヶ淵の水を、いよいよしゃくって田に入れるということに評議一決し、村民総がかりになって汲《く》み上げていると、やはり中食の時に一人の見知らぬ坊主がやって来て、どうか頼むから淵の水をかえ出すのを止めてくれと言った。必死の場合だから一同はうんといわなかったが、その中の一人が弁当の小豆飯を分けて与えると、僧は黙ってそれを食べてしまうと、突如として骨ヶ淵の水中に飛び込んで見えなくなった。不思議に思いつつもなお水を汲んで行くと、おいおいにたくさんの川魚が捕れたが、坊主の姿はどうしても見つからず、後にその魚類を片端から料理して行くうちに、いちばん大きな怖ろしい鰻があって、その腹を割いてみると先刻の小豆飯が現われた。この鰻もまた淵の主が化けて出て来たのであったことが、これで明らかになったといっている。

（「魚王行乞譚」）

柳田はまた、彼の薫陶を受け貴重な伝承採集者となったロシア出身の民俗学者、ニコライ・ネフスキー（一八九二〜一九三七）の、虹と鰻にかんする見解を紹介している。

久しく日本に駐《とど》まって学問をしたニコライ・ネフスキイ君は、かって南海諸島を歴遊して後に、こんな意見を発表した。曰く支那では虹《にじ》を蛇の属に入れているが、日本各地の虹の語音は最も鰻に近い。たとえば羽後の一部では虹をノギ、琉球の諸島も中央部のヌーヂ、ノージから、端々に向えばノーギ、ノーキまたはモーギ等になっていて、鰻を意味するウナジ・ウナギと似ている。蛇も本土の古語にはノロシ、ナフサがあるから、二者はもと差別しなかったのかも知らぬが、とにかく水底の霊怪のヌシという語をもって呼ばるるものが、蛇とよく似たまた別種の大動物と想像せられていたのは、少なくとも基くところは鰻であったろうというのである。

（「魚王行乞譚」）

ネフスキーは、ロシア出身の東洋言語学者、東洋学者・民俗学者でペテルブルク大学東洋学部中国・日本学科を卒業後、日本に留学した。ロシア革命によって帰国を断念して小樽高等商業学校（現・小樽商科大学）・大阪外国語学校（現・大阪大学外国語学部）で教鞭を執り、その間に、柳田国男・折口信夫・中山太郎らと親交を結んで、東北地方のオシラサマ信仰に深い関心を寄せた。昭和四年（一九二九）、ソビエト連邦共和国となった祖国に帰国し、レニングラード大学（旧ペテルブルク大学）の教授となるが、昭和一二年（一九三七）、日本のためにスパイ活動をおこなったとして妻とともに逮捕され、翌月レニングラードにおいて夫妻ともに「国家叛逆罪」で粛清（銃殺刑）された。柳田国男は昭和二六年（一九五一）に書いた『大白神考《おしらがみこう》』の序文に「オシラ神とニコライ・ネフスキー」という副題をつけ、ネフスキーの写真も掲げてその業績をしのんだ。

なお「神社新報」の平成二三年四月四日付には、「クヂラの慰霊と震災復興」という見出しで次のような興味深い記事が掲載されている（原文は旧仮名遣い）。

「鹿嶋市の鹿島神宮（鹿島則良宮司）では三月十六・十七日の両日、東北地方太平洋沖地震復興祈願祭を斎行した。十七日の祈願祭は同市の下津海岸で執りおこない、併せて鯨目のカズハゴンドウの慰霊祭を斎行した。／同神宮から最も近い海岸・下津海岸では同月四日、五十二頭ものカズハゴンドウが打ち上げられ、地元住民や市役所職員、訓練中のライフセーバーなどが懸命の救助作業をおこなったが、約三十頭が命を落とした。／同神宮には地震を起こす大鯰の頭を押さえているとされる要石があり、地震除けの信仰も篤いことから海岸のある下津地区の住民のあいだでは『クジラが地震のことを鹿島の神に伝えに来たのでは』と語られているという」。

鯨にまつわる民間伝承としては、非捕鯨地域でも捕鯨地域でも、海神の神使いや海からの贈り物として考えられていた。また非捕鯨地域では、村に迷惑をかけた人や、村から恩恵をもらった人が、罪ほろぼしや恩返しのために鯨となってやってくると伝えられることがある。さらに日本の各地には、飢饉の際に現われた「寄り鯨」により人びとが飢餓から救われ、感謝のためにこれを神として祀ったという伝承をもつ鯨神社、鯨明神と称する神社も少なくない。

コレラと狼

安政大地震がおこった安政年間は、震災以外の災害も、幕府がおかれる江戸を襲った。安政三年（一八五六）八月には、台風による暴風と高潮がおこり、死者は一〇万人におよんだといわれる。また安政五年（一八五八）にはコレラが大流行し、死亡者は一〇万人という説があり、同年は大老井伊直弼《なおすけ》による「安政の大獄」がはじまった年でもあった。

コレラは感染すると病勢が早く、死を免れないことから「即死病」とも呼ばれた。さらに感染者は、激痛や大量の吐瀉に襲われ、こぶができ、全身がしびれる。しかも黒くしわしわとなって息絶えるという、死相の異様さも恐るべきものであった。庶民にとってコレラの流行は、これまでにはない魔物の仕業《しわざ》だと思わざるをえなかったのである。

コレラという伝染病＝疫病は、日本列島にもともとなかったものである。イギリスによるインド植民地化、欧米列強のアジア侵略を背景に日本に上陸した、日本人にとっては未知の病であり、災害であった。江戸の人びとは、コレラは悪狐がもたらすものではないかと考え、狐のなかでも人のからだに潜入し、人に憑き狂わせる「くだ狐」の仕業だと信じたのである。そして、江戸湾を襲い、「太平の眠り」を醒まそうとしてやってきた、ペリーの来航と結びつけ、さらには「アメリカ狐」や「千年モグラ」という新しい妖怪をつくりあげもした。

コレラの厄災をもたらすアメリカ狐を退治するため、江戸庶民が頼ったのは、田畑を荒らす害獣としての狐を払うと信仰されてきた「狼」だった。そして、狼《おおかみ》＝山犬を祭神ヤマトタケルの眷属《けんぞく》として祀る、武州秩父の三峯《みつみね》神社に目をつけたのだった。江戸市中をはじめ、コレラ禍の恐怖におびえる関東の町や村の人びとはこぞって三峯山に代参を派遣し、また三峯の眷属を祀ったのである。

狼にたいする信仰は、遅くとも近世には、武蔵の三峯神社、丹後の大川神社、但馬の養父《やぶ》神社で、狼を神使とする信仰が始まっていたと考えられている。山間部において五穀豊穣や獣害避け、都市部においては火難・盗賊避けや、憑き物落としの霊験が信じられていた。狼に日本人が抱いてきたイメージのうち、山に住む犬的な野獣としての狼像は、三峯で狼を「お犬さま」と呼ぶところに現われ、里の犬が人の従者であるように、山の犬である狼を山の神の従者だと考えたのであった。そしてこのことは、山に住む犬的な動物のなかで、狼は狐に優越するという考えに結びついた。

村や町に住む犬とは異なり、口が耳まで裂け、恐ろしい声をあげるこの生き物は、日本の各地でただならぬ存在として受けとめられてきたのである。岩手県中部における、町里と山中の交わりを描く『遠野物語』でも、「狼《おいぬ》」の恐怖は三六話から四二話で生々しく描かれている。

三六　猿の経立《ふったち》、御犬《おいぬ》の経立は恐ろしきものなり。御犬とは狼《おおかみ》のことなり。山口の村に近き二ツ石山は岩山なり。ある雨の日、小学校より帰る子どもこの山を見るに、処々の岩の上に御犬うずくまりてあり。やがて首を下より押し上ぐるようにしてかわるがわる吠《ほ》えたり。正面より見れば生れ立ての馬の子ほどに見ゆ。後から見れば存外小さしといえり。御犬のうなる声ほど物凄《ものすご》く恐ろしきものはなし。

三八　小友《おとも》村の旧家の主人にて今も生存せる某爺《なにがしじい》という人、町より帰りにしきりに御犬の吠ゆるを聞きて、酒に酔いたればおのれもまたその声をまねたりしに、狼も吠えながら跡より来るようなり。恐ろしくなりて急ぎ家に帰り入り、門の戸を堅く鎖《とざ》して打ち潜みたれども、夜通し狼の家をめぐりて吠ゆる声やまず。夜明けて見れば、馬屋の土台の下を掘り穿《うが》ちて中に入り、馬の七頭ありしをことごとく食い殺していたり。この家はその頃より産やや傾きたりとのこと。

四二　六角牛《ろっこうし》山の麓にオバヤ、板小屋などいう所あり。広き萱山《かややま》なり。村々より苅りに行く。ある年の秋飯豊《いいで》村の者ども萱を苅るとて、岩穴の中より狼の子三匹を見出し、その二つを殺し一つを持ち帰りしに、その日より狼の飯豊衆《いいでし》の馬を襲うことやまず。ほかの村々の人馬にはいささかも害をなさず。飯豊衆相談して狼狩をなす。その中には相撲《すもう》を取り平生力自慢の者あり。さて野に出でて見るに、雄の狼は遠くにおりて来たらず。雌狼一つ鉄という男に飛び掛りたるを、ワッポロを脱ぎて腕に巻き、やにわにその狼の口の中に突き込みしに、狼これを噛《か》む。なお強く突き入れながら人を喚《よ》ぶに、誰も誰も怖れて近よらず。その間に鉄の腕は狼の腹まで入り、狼は苦しまぎれに鉄の腕骨を噛み砕《くだ》きたり。狼はその場にて死したれども、鉄も担がれて帰り程なく死したり。

○**ワッポロ**は上羽織のことなり。

狼信仰を各地に広めた三峯神社は、西武秩父駅から急行バスで約一時間三〇分ほどの山の中腹にあり、江戸時代に寄進された美麗な社殿など見るべきものも多い。寛政年間（一七八九―一八〇〇年）に造営された本殿と拝殿、もとは仁王門だった隋身門、極彩色の彫刻がみごとな手水舎のほか、境内の奥まったところには狼を祀る「お仮屋」が建つ。また狼信仰にかんする展示を中心にすえた三峯山博物館も見逃せない。

三峯神社の社伝によると、景行天皇の時代、日本武尊《やまとたけるのみこと》の東征の際、碓氷峠に向かう途中に現在の三峯神社のある山に登り、伊弉諾尊《いざなぎのみこと》・伊弉冊尊《いざなみのみこと》の国造りを偲んで創建したと伝える。そして、景行天皇の東国巡行のおりに、天皇は社地を囲む白岩山・妙法山・雲取山の三山を賞《め》でて「三峯宮」の社号を授けたという。

三峯神社の神の使い、いわゆる「御眷属」である狼は、神号としては「大口真神《おおぐちまがみ》」、信者からは「お犬さま」と呼ばれ信仰を集めている。

御眷属としての狼信仰は、各地につくられた「講」によって広まり、講中の代表者が交替で三峯に詣でたのである。代参者は、「神犬」に代えて、狼の姿や「大口之真神」の文字を刷り込んだ「護符」を受け取ったが、これを「眷属貸与」という。「眷属」は一疋《ぴき》で五〇戸まで守護するといわれ、文化一四年（一八一七）一二月一四日には各地に貸し出された眷属が四〇〇〇疋となり、山犬信仰の広まりを祝う式がおこなわれた。また文政八年（一八二五）一二月二日には、五〇〇〇疋となって同様の祝儀がおこなわれている。

三峯山を開いたとされる日本武尊は、東征の帰路、甲斐（山梨県）の酒折宮から、武蔵（秩父、奥多摩、奥武蔵）を通って上野（群馬県）へ向かい、「碓日坂《うすひのさか》」を越えて信濃へ入ったと日本書紀に記される。この道筋にあたる、秩父・武蔵・奥多摩地方では、日本武尊にちなむ神社が数多く創建された。その中心が三峯神社であり、ほかには釜山神社（埼玉県大里郡寄居町）、武蔵御嶽神社（東京都青梅市）などが、日本武尊とのかかわりと狼信仰を伝えている。

映画プロデューサーの小倉美恵子は、神奈川県川崎市宮前区土橋《つちはし》の生家にあった武蔵御嶽神社の護符を手がかりにして、関東一円に残る狼信仰、狼伝承のあとを追った。その記録を映画『オオカミの護符――里びとと山びとのあわいに』（平成二〇年・二〇〇八年）とルポルタージュ『オオカミの護符』（平成二三年・二〇一一年）にまとめたのである。とくに後者は、首都圏にいまも古い民間信仰が色濃く残る姿を描いて話題となった。

以前『山の人生』と題する小著において、すでに片端は述べたこともあるが、人と狼との昔の交際は、必ずしもこわもてとか機嫌取りとかいう程度の、軽薄なものではなかったのである。その中でも興味ある古い仕来りは、狼の産見舞《さんみまい》と名付けて、一年に一度食物を器に入れて、山に持って行って狼のおりそうな処に置いて来ることであった。これが狼に逢って手渡しするのでもなければ、また実際に安産のあることを確かめての上でもなかったのは、少しくその言い伝えを注意してみればわかる。東京の近くで有名なものは、武州秩父三峯さんであるが、これは『三峯山誌』

「御眷属」として信仰される狼をかたどった三峯神社の狛犬

にも、また『十方菴遊歴雑記《じっぽうあん》』三篇中巻にも詳しく出ていて、近頃まで行われていた式であった。ある夜狼の異様に吠える声を聞くと、それでお産のあったことを知って、翌日は見舞いに行くのだといい、また山中に特に清浄に草木を除いた一地のあるを見つけて、そこに注連縄《しめなわ》を張って、酒と食物を供して来るともいい、これをまた御産立《おこだて》の神事ともいっていた。『新篇武蔵風土記稿』巻八十、三峰村大木の行屋《ぎょうや》堂《どう》の条には、これを御犬祭と名付けて毎月十九日に行うともある。十九日は知っている人もあろうが、子安講ともまた十九夜講ともいって、村々の女人が子安神を祀る日であった。これが後には一年に一度になっただけである。

西国の方ではいかがであるかまだ聴いていないが、狼の産見舞は東日本では普通であった。相州津久井の話は鈴木重光君も『内郷村話《うちごう》』四四頁の中に報告している。重箱に赤飯を詰めて穴の口まで持参して還って来ると、返礼に兎《うさぎ》や雉子《きじ》などを重箱に入れて、夜の間に返しに来るそうだという説さえあった。三河の長篠《ながしの》では今九十何歳の老女、若い頃に近所の女房たちとともに、赤飯を炊いて山の犬の産見舞に行ったことがあると、話したことを早川君も記している（猪・鹿・狸七七頁）。

（「狼と鍛冶屋の姥」昭和六年）

三峯神社と武蔵御嶽神社の「神札」

引用中の「早川君」は、三章で「海坊主」を見た人物として紹介した早川孝太郎のことで、『猪・鹿・狸』（大正一五年・一九二六年）は早川の代表的な著作のひとつである。鈴木重光（一八八八―一九六七）は、郷土史家、民俗学者として彼自身の地元である神奈川県津久井郡の民俗習俗を詳しく記録し、『相州内郷村話』は大正一三年（一九二四）に「炉辺《ろへん》叢書」の一冊として刊行された。

「昔はこの辺にも狼がたくさんいたそうだ。今の築井橋の近くの生物沢《なまものざわ》というところは、相模川を流れてきた人馬の骸《むくろ》を、この獣が搬《はこ》んで喰うため、生々しい骨など絶えたことなどなかったから、地名になったのだという」。鈴木は日本民俗学史上に名前を記す人物で、大正七年（一九一八）年八月に、津久井郡内郷村で、柳田国男、小田内通敏《おだうちみちとし》、牧口常三郎、石黒忠篤《ただあつ》、佐藤功一、今和次郎《こんわじろう》らが参加しておこなわれた日本最初の本格的村落調査において、現地で調査を準備し、案内人として尽力したのであった。

三峯神社の大口真神を勧請した神社として、東京二三区内では、世田谷区砧の「三峯神社」や新宿区千駄ヶ谷にもその小祠がある。前者は、安政七年（一八六〇）に秩父の三峯神社の神霊を分祠して創建され、江戸時代に三峯講中を組織し、たびたび代参をおこなったことを示す代参帖・寄付金額収書などが残る。後者は、ＪＲ山手線の代々木駅のすぐ近く、ビルとビルのあいだにはさまれひっそりと鎮座している。

栃木県鹿沼市麻苧《あさう》町の三峯神社は、『鹿沼市史』（昭和四三年・一九六八年）に、「安政六年（一八五九）、諸国に狐狼狸《ころり》の悪疫流行して庶民大いに悲困す。その際に妖病あるにより、三峯神社に代拝をもって、御眷属の神体を敬迎するに、その着日にあたって怪しき一少獣の死したるを見出し、該獣の形猫子のごとくにして毛剛く、爪堅く誠に珍獣なり（世にこれをオキ狐なりと）。ゆえに近傍諸村人民一同競って群衆す。霊験の顕著なる実に驚愕すべし。明治十二年（一八七九）中秋、虎列利《コレラ》悪疫発生して万民大いに悩む。明治十五年中秋、なお虎列利の悪疫起こって国中人民死亡少なからず。よって信者追々増加して三峯神社を敬拝す」と記載される。戦後、安房神社を合祀して「安房三峯神社」と社名を改めたこの神社は、東武日光線新鹿沼駅を降りて北へ数分ほど歩いた集会所の屋上に、小さな社殿を構えている。

安政五年のコレラ大流行の際には、憑き物落としの霊験を求めて眷属信仰が興隆するとともに、憑き物落としの呪具として狼の遺骸の需要が高まった。とくにその頭骨は、病人の枕元におくと、病気治癒に効能があるという俗信も広まったようである。また同じ時期に流行した狂犬病やジステンパーの拡大によって狼の獣害も発生し、狼の捕殺・駆除も増大した。「いわゆる大口の真神の信仰などは、すべての自然物崇拝が衰えてきた経路を幾分かおくれて辿《たど》って来たようである。それはかえって彼等の弱点、実際は無力なることを暴路する結果に記している」（柳田国男「狼史雑話」昭和八年・一九三三年）。そして明治三八年（一九〇五）を最後に、ニホンオオカミは絶滅したとされる。しかしその後も今日に至るまで、狼生存に望みを抱き続けている人もおり、柳田もまた狼の絶滅をにわかには信用できないと疑問を呈した。

コレラも狼も、日本列島から事実上消えてしまったかもしれない。それでも、狼の神秘的な姿を印した護符を求める人びとはいまもあとを絶たないのである。

秩父三峯神社の神霊を分祀した世田谷区砧の「三峯神社」

五章

一つ目の巨人が跋扈し鹿や馬が生贄にされた事

ダイダラ坊の足跡

かつてこの都の青空を、南北東西に一またぎにまたいで、歩み去った巨人のあることを想像していたのである。しこうして何人《なんぴと》が記憶していたのかは知らぬが、その巨人の名はダイダラ坊であった。

（「ダイダラ坊の足跡」）

柳田国男『一目小僧その他』のなかの一篇「ダイダラ坊の足跡」（昭和二年・一九二七年）は、こんな魅力的な一節で始まる。歌人で歌学者の戸田茂睡《もすい》が書いた江戸の地誌『紫の一本《ひともと》』（天和三年・一六八三年）に、甲州街道のダイタ橋は「大多《だいだ》ぼっちが架けたる橋のよしいい伝う云々」と記されているという。京王電車の代田橋の停留所のあたりには玉川上水より大きな川はないので、「巨人の偉績」としてはふるわないものだが、村の名の「代田《だいた》」は偶然でないだろう。「私はとうていその旧跡に対して冷淡であり得なかった。七年前に役人を罷《や》めて気楽になったとき早速日を卜《ぼく》してこれを尋ねてみたのである」。そして柳田は、大正八年（一九一九）一二月、貴族院書記官長を辞任したのちに、「ダイタ橋」を捜しにでかけたのであった。

ダイタの橋から東南へ五六町、その頃はまだ畠中であった道路の左手に接して、長さ約百間もあるかと思ふ右片足の跡が一つ、爪先あがりに土深く踏みつけてある、と言ってもよいような窪地があった。内側は竹と杉若木の混植で、水が流れると見えて中央が薬研《やげん》になっており、踵《かかと》の処まで下るとわずかな平地に、小さな堂が建ってその傍に湧き水の池があった。即ちもう人は忘れたかも知れぬが、村の名のダイタは確かにこの足跡に基いたものである。（同前）

京王本線代田橋駅の南東、環状七号線の東側の守山《まもりやま》小学校の北の一角に、柳田が「ダイダラ坊の足跡」と認めた、それらしき窪地がある。多くの若者でにぎわう下北沢の北西に位置するこのあたりは、閑静な住宅地が続き、大昔巨人が闊歩《かっぽ》したという伝承の趣をとどめるものは、もはや地形のみである。

柳田は「隣村の駒沢村」にある、ダイダラ坊の二つの足跡も探し歩いた。ひとつは駒沢電車（現在の東急田園都市線）から一町ほど東の小学校と村社のあいだ、もうひとつはそこから東南へ七八町離れた雑木林の中に、微かな痕跡をとどめていたという。そしてこの三つの足跡は「足の向いた方が一致せず、おまけに東京を後にしている」と指摘し、「地下水の露頭のために土を流した場処が、通例こうした足形窪を作るものならば、武蔵野は水源が西北にあるゆえに、ダイダラ坊はいつでも海の方または大川の方から奥地に向いて闊歩したことになるわけである」と想像をめぐらせる。柳田はさらに、ダイダラボッチが富士山を背負って足を踏ん張った跡を捜しながら、現在のJR横浜線淵野辺駅近くにある「鹿沼《かぬま》」と「菖蒲沼《しょうぶぬま》」に足を延ばし、「大沼」「小沼」も訪ねた。

柳田が記すように関東地方は、巨人伝説の宝庫であった。最も古い記録では『常陸国風土記』の「那賀略記」に、次のように記されている。「平津《ひらつ》の駅家《うまや》の西一二里に、大《おお》櫛《くし》という岡がある。大昔、巨人がおり、岡の上にいながら手が海まで届き蜃《はまぐり》をさらうほどであった。巨人の食べた貝は、積もって岡になった。当時は大朽《おおくち》といったが、今は大櫛の岡という。巨人の足跡は長さ四〇歩余、幅二〇歩余で、小便が穿った穴は直径二〇歩余であった」。この場所は、茨城県水戸市塩崎町にある縄文時代前期（約五〇〇〇年以上前）に形成された大串貝塚だとされる。現在、貝塚の周辺は「大串貝塚ふれあい公園」として整備され、高さ一五メートルという巨大な「ダイダラボウ」像が、この公園で遊ぶ人びとを見下ろしている。

また『播磨国風土記』託賀郡《たかのこおり》（多可郡）の条によると、ここには昔「大人《おおひと》」がいた。大人は南の海、北の海、東を巡ってこの地にやってきて「ほかの地は（天が）低くていつも屈んで歩いていた。この地は高くてまっすぐ立って歩ける」と言った。だからこの地を託賀（たか＝高）郡という。大人が歩いた足跡はたくさんの沼になった、と記す。

「巨人伝説」は世界各地に分布し、「遠い過去の存在」は人並みはずれた体で、標準を超える姿と想像するとともに、異常な存在として畏怖や蔑視の対象にしてきた。そして、世界の秩序を揺るがしたり世界を創造するといったように、この世の成り立ちにかかわる役割を果たすことが多いとされる。日本でも鬼・天狗・英雄などの異人や神、またはその使者が巨人とされることがあり、池や湖沼を巨人の足跡や腰をかけた跡、山や島をその持ち物や排泄物などと説く例は少なくない。地形創出伝承の主人公は、ダイダラ坊や大人のほかに、鬼八、金八、弥五郎《やごろう》などと呼ばれるものもいた。ダイダラという名前の系統では、ダイダラ坊、ダイダラ法師、ダイダラボッチ、デエラボッチ、ダイラ坊、大太法師、大道法師、デーデーボなど各地でさまざまな呼び名がある。

ダイダラボッチ、デエラボッチという名前を聞くとき、いまでは『もののけ姫』（平成九年・一九九七年）に登場する「シシ神」の別名、「ディダラボッチ」を思い浮かべる人がいるかもしれない。

宮崎駿によるスタジオジブリの長編アニメーション『もののけ姫』の舞台は、室町時代の日本とされる。この物語で、山林を開拓して鉄をつくるタタラの民と対立し、森を守ろうとする「もののけ」の長は「シシ神」、あるいは「ディダラボッチ」と呼ばれる巨大な森の神である。制作ノートによると、このシシ神＝ディダラボッチは、「生命の授与と奪取を行う神。新月に生まれ、月の満ち欠けと共に誕生と死を繰り返す。その首に不老不死の力があると信じられている。夜の姿はディダラボッチで、独特の模様と半透明な体を持つ。体内で青い光を放ちながら、夜の森を徘徊する」ものだとされる。

巨大な人形を境界に祀り、さまざまな災厄を除くという風習は全国にみられる。たとえば茨城県石岡市井関字代田《だいた》の「代田の大人形」も、「ダイダラボッチ」と呼ばれている。この大人形は、天明の大飢饉の後、疫病などの災厄がムラに侵入しないように、藁でつくった大きな人形を村境に立てるようになったのが始まりと伝えられる。

全身を杉の葉で覆い恐ろしい形相をした、高さ二メートルほどの大人形は、毎年八月一六日につくられ、一年を通して据え置かれて、翌年また同じ場所につくりなおされる。かつて大人形づくりをやめた際、その年に限って集落の働き手が病気で相次いで亡くなったという言い伝えがあり、それ以来毎年人形づくりを欠かさないのだという。この大人形の行事は、代田を含めた六つの集落でおこなわれていたが、後継者不足、材料不足などの理由により、いまでは二つの集落で行事は途絶え、ほかの集落においても存続の危機にある。このようなことから、代田の大人形は、現在に残る貴重な民俗行事とされているのである。

事八日の大草鞋

人間以上の偉大なる事業をなし遂げた者は、必ず非凡なる体格を持っていたろうというきわめてあどけない推理法が、いちばんの根源であったことはほぼ確かである。それが次々にさらに畏《かしこ》き神々の出現によって、征服せられ統御せられて、ついに今日のごとく零落するに至ったので、ダイダばかりか見越し入道でも轆轤首《ろくろくび》でも、かつては一度はそれぞれの黄金時代を、もっていたものとも想像し得られるのである。

（「ダイダラ坊の足跡」）

巨大なものは、クニづくりやムラづくりに貢献する創造神であるいっぽう、よそからやってきて、共同体に災いをもたらす疫神と考えられる場合もある。そのなかには、一つ目、あるいは一本足の巨人がいたらしく、これを防ぐための祭りが各地でおこなわれ、対抗する手段がさまざまに編みだされてきた。

いわゆる一目《ひとつめ》小僧様の方は、今でも年ごとに武相《ぶそう》の野の村を訪れていたのであった。二月と十二月の八日節供《せっく》の前の晩に、門に目籠《めかご》を竿《さお》高々とかかげて、目の数をもって、これと拮抗《きっこう》してみようとしたり、もしくは茱萸《ぐみ》の木を燃やし、下駄を屋外に出しておくことを戒めて、彼にその一つの眼をもって家の内を覗《のぞ》かれるのを避けんとしている。

（『一目小僧その他』「自序」昭和九年）

「事八日《ことようか》」といって、毎年二月八日と一二月八日には日本の各地でさまざまな神や妖怪の来訪が伝えられ、東日本の広い範囲では疫病神の到来を恐れる伝承も数多い。栃木県ではダイマナゴ（大眼）という一つ目の疫病神が、東京周辺では一目小僧が、神奈川県では「ミカリ婆さん」という妖怪がこの日にくるという。妖怪の来訪を防ぐために、籠や笊を高く掲げる、ヒイラギを戸口に刺す、グミの木を囲炉裏で燃やすといった魔除けの風習が、日本の各地でおこなわれてきた。

　これを見たという人はまだ聞いたことがないが、古い人たちの話ではやはり眼が一つで足が一本である。山神祭にはいずれも長さ二尺以上もある大きな草鞋《わらじ》または草履を片足だけ作って、村の宮の鳥居の柱に結びつけておくのである。これを見てもその一本足というのがよほど大きなものと想像せられていたことがよくわかる。ただし今日ではこの風習もおいおい廃《すた》って行くようだとのことである。

（「一目小僧」大正六年）

茨城県桜川市真壁町桜井の五味田《ごみた》地区は、一〇〇棟以上の登録文化財建築が軒を連ねる、真壁市街地の東側に位置する小さな集落である。ここでは毎年二月八日に「八日祭り」、あるいは「五味田の大草鞋《おおわらじ》」と呼ばれる祭りがおこなわれている。この日には、一年間村の四隅に掛けてあった藁製の大きな草鞋を焼き、また新しくつくりなおして掛け替えるのである。

大草鞋を掛けるのは、地区内に悪霊や一つ目妖怪などが入るのを防ぐための呪術的行事と考えられる。五味田地区では、「こんな大わら草履《ぞうり》をはく巨人がいる」、あるいは「わら草履の編み目がたくさんの目に見えることで一つ目妖怪を追い払うため」だと伝えられている。巨大な草鞋は、当日の朝から地域の人びとが当番の家に集まり、昔ながらの手作業で大小四つをつくりあげる。長さ約一・五メートル、幅約一メートルにおよぶ最も大きな草鞋は、村の入り口にあたる田中川の上の掲示場に据えつけられる。

五味田地区は、加波山系の足尾山西麓にあり、集落の南側には承安二年（一一七二）に築かれた真壁城があった。中世には真壁氏の居城として続いたこの城は、応永三〇年（一四二三）、真壁慶幹のとき足利持氏によって落城したが、その後復城。慶長一一年（一六〇六）、関ヶ原の合戦で徳川方についた浅野長政が真壁藩五万石を与えられ、同一六年（一六一一）に、長政の跡を継いだ浅野長重が入城した。五味田の大草鞋のうち最も大きな

上／茨城県真壁市五味田の「事八日」祭事。当番の家の庭で巨大な草鞋をつくる
下／最も大きな草鞋は集落の南の入口にかかげられる

ものは、集落の南の入り口、つまり真壁城の方角に向かって掲げられるわけである。疫病神の侵入を防ぐためだと解釈される大草鞋が、いくたびも繰り返されてきた戦乱の記憶をとどめるものだと考えることはできないだろうか。

三重県志摩市大王町波切《なきり》の波切神社で「わらじ曳き」、通称「わらじ祭り」と呼ばれる神事が、新暦の九月の申《さる》の日におこなわれる（九月に申の日が二つあるときは前者が、三つあるときは中の日が神事となる）。七束の藁で一丈の大きさの草鞋を片足だけつくり、舞台で引いたのち、神主が白幣を捧ぎ、祭文を三回唱える。そして三斗三升の赤飯を乗せた大草鞋を、波切港の沖合い六〇〇メートルほどのところにある大王島へ流す。

もともとは波切の産土《うぶすな》神である葦夜《いや》権現の祭りであったが、いつしか「ダンダラボッチ伝説」と結びつけられるようになったという。三重県鳥羽市生まれの画家で、男色文献の研究で知られた岩田準一（一九〇〇〜一九四五）は、沖からやってきた一つ目の化物が、ドンビ籠を大きな足袋と錯覚して跳んで逃げ帰り、そのときに岩がへこんで「ダンダラボシの平石の足迹《あしあと》」と呼ばれたと記している。

これらのことから、昭和初期にはダンダラボッチと沖の一つ目が習合していたと考えられ、そして現在では、一つ目一つ足の巨人と大風、大波とを結びつけた次のような伝説によって、神事の由来は語られる。

「昔、ダンダラボッチと呼ばれる片眼片足の大男が大王島と呼ばれる島に住んでおり、村の美しい娘をさらったり、神通力で大風・大波を起こして船を難破させるなどの悪さを繰り返していた。困り果てた村人に助けを求められた葦夜権現は、村人に化け、むしろを大草鞋だと騙し、漁具などを大男の持ち物に見せかけ、ダンダラボッチより大きい千人力の大男が里に住んでいるぞと、ダンダラボッチを騙すことにした。それに驚いたダンダラボッチが里から逃げ出した。それ以来、大男がいることを知らせるために、毎年大草鞋が海に流されるようになった」。

目一つの神

「おばけにも、尋ねてみれば由緒もあり系図もあるというのは、斯道《しどう》に心を寄せる我々にとってまことに張合のあること」だと「一つ目小僧」（大正六年・一九一七年）のなかで柳田は指摘する。そして「深夜に少年の笠を目深《まぶ》かに被《かぶ》って酒買いに行くのを、すれ違いさまに見ると顔の真中に円い眼が一つあったという話など、今は五歳の幼童も承認せぬ事件であるが、ある時代にはこれを固く信じた人も多かった」という。

柳田の父である松岡操（号は約斎）は、儒学、国学に詳しくまた同時に子どものような心持ちをもつ人だった。幼い柳田に化物の話をするとき、必ずそれを絵に描いて見せてくれた。だから柳田自身、「ただ何ともかともいわれぬ怖い物」などといった「輪郭の不鮮明な妖怪」など一つもない。約斎が国男に語り聞かせ、絵にも描いた一つ目小僧は次のようなものだった。「たいていは雨のしょぼしょぼと降る晩、竹の子笠《がさ》を被《かぶ》った小さい子供が、一人で道を歩いているので、おう可愛そうに今頃どこの児かと追いついて振り回って見ると、顔には眼がたった一つで、しかも長い舌を出して見せるので、きゃっといって遁《に》げて来た」という、素朴なものであったらしい。

柳田は、父の語る怪談の懐かしい思い出を語りながらも、顔の真ん中に目が一つあるという一つ目小僧の姿を、早くから疑ってかかっていた。

> 眼の左右に大小ある人はもとより多いが、それの特に顕著でありまた一般的であ

る場合には、いわゆるアヤカリをもって説明せられる。たとえば福島県石城《いわき》郡大森の庭渡《にわたり》神社などは、以前の本地仏庭渡地蔵尊の像、美容にして片目を小さく造ってあった。それゆえ大森の人はみな片目が小さいといい、しかも美人の生まれぬのも鎮守様が器量よしだからといっていた。自分の生まれ在所では村の氏神と隣村の氏神と、谷川を隔てて石合戦をなされ、あちらは眼にあたって傷つかれたゆえに、今でも隣村の人は片目が小さいといったが、しかもこちらの社の門客神《かどまろうどがみ》、いわゆる矢大臣がまた片目を閉じた木像である。幼少の頃からこれを不思議に思って、今も引続いて理由を知りたいと願っている。片方の目は一文字に塞《ふさ》いで、他の一方は尋常に見開いているのが、二体ある像の向って右手の年とった方だけであったように記憶する。今でもまだあろうから確かめることはできる。もちろんこの彫刻は定まった様式に従ったまでで、特にこの社のみにかぎられたことではなかろうが、他の実例はあの地方ではまだ心づかぬ。

（「目一つ五郎考」昭和二年）

柳田の生まれ故郷である辻川には、氏神同士が石合戦し、隣り村の神の目が傷ついたという話があること、辻川の鎮守社である「鈴の森神社」の矢大臣の一体が、片目を閉じた像であることを、幼いときから気にかけていたというのである。

鈴の森神社は、辻川の町を見下ろす小高い丘の中腹に立っている。そこにある山桃の木や狛犬は、柳田にとってたいへん思い出深く、このような歌もよんでいる。「うぶすなの　森のやまもも　高麗《こま》犬は　懐しきかな　もの言はねども」。現在、神社の東側の一角に「柳田国男・松岡家顕彰記念館」と、旧神崎郡役所の建物を活用した「神崎郡歴史民俗資料館」が建ち、かつては辻川の街なかにあった柳田国男の生家も移築されている。柳田が自身の学問の発端に位置づけた、あの「日本一小さな家」である。

彦火瓊瓊杵命《ひこひほのににぎのみこと》、天児屋根命《あめのこやねのみこと》、太玉命《ふとだまのみこと》を祭神に祀る鈴の森神社の拝殿の上棟式は、大正九年（一九二〇）におこなわれたとされる。いま拝殿の両脇に坐す二体の随身像はおそらく、それ以前からのものであろう。しかし向かって右側に坐す翁の像は、両目とも開いている。これは柳田の記憶違いなのか、確かめる術もないが、柳田が神の一つ目について、ずっと気に留めていたことは真実だろう。

柳田は、片目の神像には、そのように彫刻されるべき理由があったのではないかと、想像をめぐらせる。上州伊勢崎の近く、宮下の「五郎宮」、別名「御霊宮」「五料宮」と呼ばれる神社の神体は、狩衣《かりぎぬ》に風折烏帽子《かざおりえぼし》の壮士の像で、やはり左の眼を閉じてつくら

上／柳田国男の故郷、辻川の鎮守「鈴の森神社」の境内
下／鈴の森神社の拝殿の向かって右側に坐す「矢大臣」

れたとされる。かつて利根川がこの近くを流れていたころ、一本の箭《や》が流れてきて、村人が拾いあげた。この箭はしばしば霊異を現わしたので、鎮守の神として祀った。その後、人に盗まれていまの木像を安置することになったというが、二つの出来事のあいだにはより深い関係があったであろうと柳田は推論する。神像彫刻で片眼を細く刻む、あるいは一つ目にするという表現が各地にみられるわけではない。しかし、民俗世界において「片方だけ」という習俗は目にかぎるものではなかった。

耳なし芳一

日本の怪談のなかには、この世ならぬものによって片耳をとられたという話があり、広く流布している。こういった話を多くの日本人が知っているのは、小泉八雲が書いた「耳なし芳一」によってであろう。柳田はその経緯を確認するともに、「亡霊に耳を引きむしられた昔話が、ついこの頃まで方々の田舎《いなか》にあ」り、その被害者は必ず盲人で、その名前だけが土地によって異なることを指摘する。

小泉八雲の「耳なし芳一」は、安徳天皇や平家一門を祀った阿弥陀寺（現在の赤間神宮）を舞台とした怪談で、平家物語の弾き語りを得意とし、なかでも壇ノ浦の段の名手であった盲目の琵琶法師を主人公とする。「平家の幽霊が座頭を呼んで『平家物語』を聴いたことになっており、その座頭の名はホウイチであった。面白いから明晩も必ず来い。それまで質物に耳を預っておくといったのは、すこぶる『宇治拾遺』の瘤《こぶ》取りの話に近かったが、耳を取るべき理由は実は明らかでなかった」。

ところがこれとだいたい同じ話が、阿波の里浦という処にかけ離れて一つあるので、右の不審がやや解けることになる。昔団一という琵琶《びわ》法師、夜になるとある上《じょう》臈《ろう》に招かれて、知らぬ村に往って琵琶を弾《ひ》いている。一方には行脚《あんぎや》の名僧が、ある夜はからずも墓地を過ぎて、盲人の独《ひと》り琵琶弾くを見つけ、話を聴いて魔障のわざと知り、からだ中をまじないしてやって耳だけを忘れた。そうすると次の晩、例の官女が迎えに来て、その耳だけを持って帰ったというので、これは今でも土地の人々が、自分の処にあった出来事のように信じている。耳を取ったのが女性の亡魂であったことと、僧が法術をもって救おうとした点とが明瞭になったが、それでもまだまじないの意味がはっきりしない。
（「鹿の耳」）

柳田によると、小泉八雲が心惹かれた「耳なし芳一」にまつわる「神異談」は、八雲の父と母の国でいまでも珍重される、「逃竄《とうざん》説話」と「異郷遊寓譚」が結びついた、「末の形」にほかならないものだという。

小泉八雲こと、パトリック・ラフカディオ・ハーン（一八五〇―一九〇四）は、イギリス領のレフカダ島（一八六四年にギリシャに編入）で、アイルランド人の父とギリシャ人の母のもとに生まれ、幼少時代をアイルランド・ダブリンですごした。フランス、イギリスで教育を受けたあと、二〇歳で渡米し、ジャーナリストとして活躍。四〇歳のとき、アメリカ合衆国の出版社の通信員として来日して、小泉セツと結婚した。松江・熊本・神戸・東京と移住しながら英語教育に尽力するとともに、欧米に日本文化を紹介する著書を数多く遺した。

『怪談』（一九〇四年・明治三七年）は、「耳なし芳一」「むじな」「ろくろ首」「雪女」など、日本に古くから伝わる怪異な民話や説話を文学化した作品集である。柳田国男と小泉八雲の直接の面識については定かでないとされるが、柳田は八雲の作品に広く眼をとおし、「鹿の耳」のほかに、『東北文学の研究』『笑の本願』などでも言及している。そして、柳田が「耳なし芳一」の話について「彼が父母の国」というとき、ケルトの妖精伝説とギリシア神話を指していたであろうことも確認しておきたい。

ヨーロッパやアメリカの人びとにむけて、日本の妖怪・怪異を紹介することに尽力した小泉八雲は、一六歳のときに左目を失明し、「片目」となっていた。寄宿学校の回転ブランコで遊んでいる最中、ロープの結び目があたり、左目の視力を失ってしまったのである。このため、白濁した左眼が写らないように、写真を撮られるときには必ず、顔の右側をカメラに向けるか、うつむいて写ったといわれている。

鹿の耳

――鹿を牲《にえ》とすれば耳が割《さ》けており、獅子を舞わしむればたちまち相手の耳を喰い切――

り、記念に巌石に姿を刻めば、耳を団扇《うちわ》のごとく大きくせざるを得ず、そうして盲人を見ると永く水の神の威徳と兇暴とに対して、一喜一憂するを禁じ得なかったのである。これを無意識にしかも鋭敏に、測量し得た者がいろいろの歌を物語り、また数々の言い習わしを作って、久しく我々の多数を導いていたのである。前代は必ずしも埋もれ果てたとは言われない。たとえば耳に関しました目について、普通の同胞が信じかつ説いている小さな知識の中にも、日本の固有信仰の大切な「失われたる鏈《くさり》」を、引き包んでかりに隠している場合が、まだいくらでもあるらしいのである。

（同前）

東北奥羽地方の鹿踊《ししおど》りの鹿頭《ししがしら》は、隣りの村同士で喧嘩をし、咬《か》み合ったという話がいくつも伝わっていることを、柳田はいくつもの例を挙げて検証する。

秋田県平鹿郡浅舞《あさまい》の「シシ塚」は、なかでも有名なひとつであった。「昔大森の町から鹿踊がやって来て、ここで山田の鹿頭と闘って負けたので、それを埋めてこの塚が築かれたといっていた。同郡の河登《かわのぼり》という部落にもシシ塚の梨の木というのがあった。周囲五尺余りの空洞木で、下にはまた鹿踊の頭が埋めてある。これも古くシシの大喧嘩があったので、埋めてあるのは負けた方か勝った方か、その点は明瞭でないが、とにかくこの村へはそれから以降、鹿踊が入らぬことになっていた」。同じような名前の塚は各地にあり、由来はどこでもほぼ同じようなものである。その土地の人びとはこれを現実的に解釈して、「以前鹿踊の大いにはずんだ時代、喧嘩のために傷つき死する人があって、それを埋めたものであろう」と言い伝えている。しかし、塚まで築いたにもかかわらず、鹿踊の面を埋めた理由が不明になってしまったために、「著しい信仰の変化」が、古代を近世からひき離していたことも想像できるのであった。

柳田は『遠野物語』で、すでにこういった伝承の例にあたるものを挙げていた。

一一〇　ゴンゲサマというは、神楽舞《かぐらまい》の組ごとに一つずつ備われる木彫の像にして、獅子頭《ししがしら》とよく似て少しく異なれり。はなはだ御利生《ごりしょう》のあるものなり。新張《にいばり》の八幡社の神楽組のゴンゲサマと、土淵村字五日市《いつかいち》の神楽組のゴンゲサマと、かつて途中にて争いをなせしことあり。新張のゴンゲサマ負けて片耳を失いたりとて今もなし。毎年村々を舞いてあるくゆえ、これを見知らぬ者なし。

かつておこなわれていた生贄《いけにえ》の慣習が廃止されたあと、人びとにとって印象深い部分だけが、こういった伝承の形をとって記憶されてきたのではないかと柳田は推測する。この問題は日本人の信仰史にとって重要な変化を跡づけるものだ。そしてその歴史は、「片目の魚」の伝説によって裏づけることができる。

江洲伊香《いか》郡での古い言い伝えに、昔郡内の某川に大きな穴ができて川の水を吸い込み、沿岸の農村ことごとく田の水の欠乏を患いていたとき、井上弾正なる者の娘、志願してその潭《ふち》に飛び込み、蛇体となって姿を隠すや、たちまち岸崩れて、その穴を埋め、水は豊かに田に流れるようになった云々。すなわち弟橘媛《おとたちばなひめ》の物語以来久しく行わるる、水の神に美しい生牲《いけにえ》を奉ったという話の部類ではあるが、なおこの地ではその娘が片目であったといい、そのゆえにこの川の鯉《こい》には今でも一尾だけは必ず一つしか目がないと言うている。（「一目小僧」）

柳田は「片目の魚」の伝説を伝える場所に社寺の池が多いこと、またそれ以外の場所でもそこに棲む魚の捕獲を禁止していることなどから、祭の際の神の供物としてほかの魚と区別するために片目を潰したと考えたのである。そして植物で目を突き、片目となる神の伝説ともかかわらせて、古い昔、神の眷属にするために人を殺す風習があり、その人をほかと区別する意味で片目を潰し、片脚を折ったのであろうと述べる。

曰く、一目小僧は多くの「おばけ」と同じく、本拠を離れ系統を失った昔の小さい神である。見た人が次第に少なくなって、文字通りの一目に画にかくようにはなったが、実は一方の目を潰された神である。大昔いつの代にか、神様の眷属にするつもりで、神様の祭の日に人を殺す風習があった。おそらくは最初は逃げてもすぐ捉まるように、その候補者の片目を潰し足を一本折っておいた。そうして非常にその人を優遇しかつ尊敬した。犠牲者の方でも、死んだら神になるという確信がその心を高尚にし、よく神託予言を宣明《せんみょう》することを得たので勢力を生じ、しかも多分は本能のしからしむるところ、殺すには及ばぬという託宣もしたかも知れぬ。とにかくいつの間にかそれが罷《や》んで、ただ眼を潰す式だけがのこり、栗の毬《いが》や松の葉、さては箭に矧《は》いで左の目を射た麻、胡麻その他の草木に忌が掛かり、これを神聖にして手触るべからざるものと考えた。目を一つにする手続もおいおい無用とする時代は来たが、人以外の動物に向っては大分後代までなお行われ、一方にはまた以前の御霊の片目であったことを永く記憶するので、その神が主神の統御を離れてしまって、山野道路を漂泊することになると、怖ろしいことこの上なしとせざるを得なかったのである。

（「一目小僧」）

日本では、祭のたびごとに神主を一人ずつ殺す風習があった。その神主は前年度の祭のときから、籤《くじ》や神託で決まっていて、区別のため片目を傷つけた。人智が進んで殺伐とした祭式が廃されたのちも、片目にした人でなければ、神の霊智を映しだせないとみられたのではないか。

柳田国男のこういった供犠観は、イギリスの社会人類学者ジェームズ・フレーザー（一八五四―一九四一）の『金枝篇』の影響によるものとされ、日本の歴史上に実際あったかどうか疑問視する意見もある。しかし、獣の耳を切ることは、人の片目を潰したり、片足を折ったりすることに比べると簡便な方法であり、生贄の生活を妨げることも少なかった。家畜や俘虜《ふりよ》にたいして個人の占有を証明するため、馬に烙印《らくいん》を押し、猫の尻尾《しつぽ》を切るような方法があった。それが神の祭にかぎられることになり、やがてそれも廃れていったと柳田は考えたのである。

生贄の耳を断つことは、決して珍しいことではなかった。諏訪神社の「七不思議」の一つに、「耳割鹿《みみさけじか》」の話があるではないかと柳田は主強する。諏訪大社上社で、毎年三月の酉の日（現在では、四月一五日）におこなわれる御頭祭（大御立座神事・酉の祭）は、諏訪大社にとって一年間で最大規模の神事である。諏訪大社上社本宮で神輿に移された御霊代は長い行列を組み、一時間ほどかけて前宮に着く。前宮の「十間廊《じっけんろう》」という建物が神事の主要な舞台で、野菜や餅、魚などの神饌の献饌がおこなわれ、その最後に鹿の頭が二つ並べられる。

菅江真澄の『すわの海』には、白い兎が松の棒で串刺しにされたものや、鹿や猪の焼き皮と海草が串に刺さって飾られていたり、鹿の「脳和え」「生鹿」「生兎」「切兎」「兎煎る」鹿の五臓などが供されていたと記される。さらに、中世には鹿の体全体が供され、それを禽獣の「高盛」と呼んだ。祭では神前に七五頭の鹿の頭を供えたが、毎年必ず一頭は耳裂けの鹿がいたとされる。

諏訪大社では仏教が普及し不殺生戒が広まってからも、もともと狩猟をともなう神事が多かったこともあり、神札を発行して、信者に狩猟を許可する免許状を与えた。「日

本一社鹿食免《かじきめん》　上諏訪本宮神長官」「日本一社鹿食箸《かじきばし》　諏訪本宮」と記したお札を御師が持ち歩き、諏訪大社の縁起を語りながら配って信仰を広めたのである。

切るのが必ず耳でなければならなかったゆえんは、これらの動物の習性を観察した人なら知るであろう。耳で表現する彼等の感情は、最も神秘にして解しにくいものである。常は静かに立っていて、意外な時にその耳を振り動かす。だから外国にもこれをもって幽冥《ゆうめい》の力を察せんとした例が多い。佐々木喜善君の郷里などでは、出産の場合に山の神の来臨を必要とする信仰から、馬を牽《ひ》いてお迎えに行く風が今も行われているが、馬が立ち止って耳を振るのを見て、目に見えぬ神の召させたまう徴《しるし》とする。ゆえに遠く山奥に入って日を暮らすこともあれば、あるいは門を出ること数歩にして、すぐに引き返して来ることもあるという。数ある鹿の子の中から、いずれを選みたまうかを卜《ぼく》する場合にも、おそらくはもと耳の動きを見たので、それが自然の推理として、切るならば耳ということに定まったものではないかと思う。

（「鹿の耳」）

諏訪大社上社の「御頭祭」で神前に供えられる鹿の頭。中央が「耳割鹿」

日本には、先に述べた仏教の不殺生戒や、血を忌避する神道的な穢《けが》れ観があり、また牧畜が定着しなかったこともあって、縄文渉猟社会に源をもつ動物供犠は早くに姿を消し、神への供え物は餅、酒などのコメ製品が主流になったとされる。いっぽう諏訪神社の御頭祭のほかにも、千葉県佐原市香取神宮の大饗祭、宮城県の椎葉や銀鏡《しろみ》の神楽など、地方の祭祀や民俗には、動物供犠の形式がいまも残る。

人身御供と人柱

人を生贄として神に供える人身御供《ひとみごくう》は、人身供犠儀礼としてギリシアやアステカなどの古代・未開社会の宗教に広く存在したとされるが、かつての日本にも存在したか明らかではない。

しかし、建築や築堤にあたり、土地の神や川の神の怒りを鎮めるため、未婚の娘や放浪の宗教者を人柱として埋めたとする伝説は日本各地に残されている。こういった「人柱伝説」は、古くは『日本書紀』の仁徳天皇の条に、武蔵の強頸《こわくび》と河内の茨田衫子《まむたのころもこ》というものが河内の茨田堤を築くための人柱に立てられたと記されている。歌枕として名高い「長柄の人柱」伝説では、袴に縫いはぎのあるものを当てよと進言したその本人が埋められることになってしまい、その娘が「ものはいはじ父は長柄の人柱　雉も鳴かずば打たれざらまし」と詠んだといわれる。柳田は、古代には親子夫婦のようなかかわりのあるものが二人以上一緒に殉じたと述べ、山伏・盲僧・六部・椀売りなどが多く犠牲者になっていることから、彼らによってこの種の伝説は伝播していったのではないかと説く。『遠野物語』のなかにも三章でもふれた次のような伝承がおさめられている。

二八　松崎村の字矢崎に、母也堂《ぼなりどう》という小さな祠《ほこら》がある。昔この地に綾織村字宮ノ目から来ていた巫女があった。一人娘に婿を取ったが気に入らず、さりとて夫婦仲はよいので、ひそかに何とかしたいものだと思って機会を待っていた。その頃猿が石川から引いていた用水の取入れ口が、毎年三、四間がほど必ず崩れるので、村の人は困り抜いていろいろ評定したが分別もなく、結局物知りの巫女に伺いを立てると、明後日の夜明け頃に、白い衣物を着て白い馬に乗って通る者があるべから、その人をつかまえて堰口に沈め、堰の主になってもらうより他にはしようもないと教えてくれた。そこで村じゅうの男女が総出で要所要所に番をして、その白衣白馬の者の来るのを待っていた。一方巫女の方では気に入らぬ婿をなき者にするはこの時だと思って、その朝早く婿に白い衣物をきせ白い馬に乗せて、隣村の附馬牛《つくもうし》へ使いに出した。それがちょうど託宣の時刻にここを通ったので、一同がこの白衣の婿をつかまえて、堰の主になってくれと頼んだ。神の御告げならばと婿は快く承知したが、昔から人身御供《ひとみごくう》は男蝶女蝶《おちょうめちょう》の揃うべきものであるから、私の妻も一緒に沈もうと言って、そこに来合わせている妻を呼ぶと、妻もそれでは私も共にと夫と同じ白装束になり、二人でその白い馬に乗って、川に駆け込んで水の底に沈んでしまった。そうするとにわかに空が曇り雷が鳴り轟《とどろ》き、大雨が三日三夜降り続いた。四日目にようやく川の出水が引いてから行ってみると、淵が瀬に変わって堰口に大きな岩が現われていた。その岩を足場にして新たに堰を築き上げたので、もうそれからは幾百年でも安全となった。それで人柱の夫婦と馬とを、新堰のほとりに堰神様《せきがみさま》と崇《あが》めて、今でも毎年の祭りを営んでいる。母の巫女はせっかくの計らいがくいちがって、かわいい娘までも殺してしまうことになったので、自分も悲しんで同じ処に入水し

「遠野物語拾遺」の人柱伝承ゆかりの「母也明神」

て死んだ。母也《ぼなり》明神というのはすなわちこの母巫女の霊を祀った祠であるという。
(『遠野物語拾遺』)

美女を水の神の生贄にしたという話は、東北地方に多い。柳田はこういった伝承を職業として語ったものが近い時期までいたとみえて、ひとつの型から出たと思われるような共通点が多いという。そして『登米《とよま》郡史』に収録された「お鶴明神」の伝説を紹介する。登米町川面《かわつら》の若狭土手を築き固める際に、お鶴という女を人柱に立てたといい、いまでも「お鶴明神」を鎮守の神に祀り、その近くには「お鶴の涙池」というものがあったことが記されている。鶴女は南部の生まれであるとも、駿河《するが》から買ってこられた女だとも、あるいは彦惣長者の下女だったなどとも伝える。北上川の堤防がたびたび切れるので、「生土手《いきどて》」を築くほかはないと評定《ひょうじょう》しているところへ、ちょうどお鶴が昼飯を運んできたので、捕えて生き埋めにした。その霊を慰めるために社に斎《いっ》き祀ってからは、この土地だけは洪水の災いがないということで、いまも信心するものがあるのだという。
人身御供があったのかなかったのか。御饌《みけ》として供えられるものに、人間が含まれていたか否かも定かでない。「人の肉や血はいずれの時代の思想にてもわが国では決して御馳走にはあらず」(「掛神の信仰について」明治四四年)。日本における生贄儀礼については、実証する史料も乏しく確定することは難しいが、民譚や説話、伝承は供犠の民俗を雄弁に物語るのである。

絵馬と馬

コメを収穫するまでには多量の水を必要とするため、稲の生育期の降水の多寡は稲作に基盤をおく農耕社会にとって大きな問題であった。そこで、古代以来、朝廷・幕府はたびたび諸社へ奉幣し、仏僧には祈雨を願わせて国家規模の雨乞いをおこなってきた。村落においても雨乞いは重要な共同祈願の行事で、各戸の参加が義務づけられていた。雨乞いの儀礼は多岐にわたるが、日本で最もよくみられるのは、山上に薪を積み上げ、火を焚いて、鉦や太鼓を打ちならすというものであった。

雨乞いとは対照的に、止雨・晴天を祈るのが「日乞い」である。日照りの害に雨が止むことを願う場合もあるが、北日本や日本海側、それ以南でも高冷地などでは、長雨による冷害がおさまることを願っておこなわれるため、「晴乞い」「雨止め」ということもある。こういった雨乞い、日乞いの際に、神に捧げられたのは馬であった。

牛馬の首を水の神に捧ぐる風《ふう》は、雨乞の祈禱としては永く存したりき。朝鮮扶余《ふよ》県の白馬江には釣竜台という大岩あり。唐の蘇定方百済《くだら》に攻め入りし時、この河を渡らんとして風雨にあい、よりて白馬を餌として竜を一匹釣り上げたりという話を伝えたり〔東国與地勝覧《よちしょうらん》十八〕。白き馬は神の最も好む物なりしこと、旧日本においても多くの例あり。

（『山島民譚集（一）』）

『常陸国風土記』には「崇神天皇の御世になって、鹿嶋大明神へ奉る幣《みてぐら》の一つに「馬一疋」と記されていることから、古代に「生馬の献上」という献馬の風習があったことがわかる。また『続日本紀』（七九七年編纂）の宝亀元年（七七〇）八月庚寅朔の条にも、「日蝕有り。……中臣朝臣宿奈麻呂を遣して、幣帛及び赤毛の馬二疋を伊勢の太神宮に奉らしめる」とあり、日蝕の儀礼として伊勢神宮に御幣とともに赤毛の馬二疋を献上している。日蝕

遠野市遠野市附馬牛町「荒川駒形神社」の木製の神馬

に赤毛の馬が捧げられたのは、赤色が火の色であることから、太陽の衰弱を回復させる意図が込められていたとみられる。

また、「雨乞い」や「日乞い」のための呪術的儀礼としても、神馬の献上がしばしばおこなわれた。『続日本紀』天平宝字七年（七六三）五月庚午の条には、「幣帛を四畿内の群神に奉る。その丹生河上の神には黒毛の馬を加える。旱すれば也」とあり、降雨を祈願して水の神である丹生上社に黒毛の馬を献上している。また、宝亀六年（七七五）九月辛亥には、「使を遣《つかわ》して、白馬および幣を丹生川上、畿内の群神に奉らしめる。霖《ながあめ》すれば也」と止雨祈願には、白毛の馬を献じたという。文献によると、奉幣のみでは効果がない場合に、献馬を加えている例が多く、献馬の場合それだけ深く強い祈願だったという見方もある。また、平安時代中期にいたっては、白馬が赤馬にかえられることもあったという。

いま多くの社寺でみかける奉納絵馬が、生馬献上の習俗に発するという説もある。生馬の代わりに、土馬・木馬などの馬形を献上するようになり、それがさらに簡略化されて、板絵馬になったというのである。絵馬は、古くは奈良時代にもみられるもので、今日よく目にする小絵馬のような板に描いた馬の図である。中世から近世にかけては形状や図柄も多様になり、扁額形式の大絵馬も生まれた。
柳田国男は絵馬が生馬献上に直接結びつくという考えにたいしては懐疑的で、そのことについて「絵馬と馬」（昭和五年・一九三〇年）で考察している。

エマは果して書物にある通り、馬を絵に描いて献納したのが原《もと》であったろうか。本物の馬を差し上げることのできぬ者が、絵馬を代用に供するようになった時まで、画板を神仏に奉る風習は存在しなかったと言ってよいのであろうか。ただしはまたエマという京都語が地方に行われて、前の名前を隠してしまった結果、自然にそう考える人を多くしたのではないか。

栃木県足利市《あしかが》の「水使《みずし》さま」では、下《しも》の病を祈願する絵馬は女の帯から下を描いてある。また同じ場所の大手神社には手だけを描いた絵馬もある。また木彫りの手形を納めた例もある。男鹿《おが》の赤神山《せきじんざん》の山門には、仁王の石像も埋もれるばかりに、木でつくった無数の手と足が寄進されているという。
こういった例から、柳田は「納め奉る」という行為は「贈呈」の意味で決してなかったと想像することができるという。掛画《かけが》を納める人の心持ちに入って考えれば、絵馬が馬の絵の真似でないことくらいは、容易にわかるはずだ。「杯に鍵、骨牌《かるた》を縛った上に『心』という文字を書いたエマなどを始めとして、あるいは母親が乳をしぼっているところ、幼児《おさなご》が社前に手を合わせている姿のごとき、何れも今日の語でいうならば記念または銘記すなわち神様もどうか共々に、この事実を念頭に留めてくださいという、希望の表白に他ならぬのであった」。だがいっぽうで、馬の絵を神仏にささげる地方も多く、それが「エマ」という標準語の発生を促した理由も、興味深い問題であろう。私たちの祖先がとくに馬の絵に、「一種の宗教的興奮」を感じることがなかったなら、「エマ」という語もできなかったかもしれない。

海から渡って来たらしい日本人であるが、不思議に神々のみは馬に騎《の》って高い山の嶺から降《くだ》りたまうものと信じていた。それが飾り馬の背上に、いまだ画かれざる神を幻覚した理由でもあれば、同時にまた絵馬を大神への贈呈のごとく、考えるに至った原因でもあるが、最初はこれもまた神徳讃歎の、主要なる記念方法であったのである。

山の神が馬に召すという信仰は今でもある。奥州の民家では御産のある前に空馬《からうま》を牽《ひ》いて山の神様を迎えに行く風習がある。ある時は一日半日山深く分け入り、またある時は里はずれの林などで、その馬が立ち止まり耳を動かし尾を振るを見ると、それを山の神がすでに乗りたまう知らせとして、ただちに引き返して家に戻って来る。そうして保護の下に安産をしたのである。馬をエマに画くべき動機は十分に備わっていたのである。

自分はただ馬だけがエマの芸術の根原だという通説を認めないのである。キリスト教国などのごとく神馬降臨を信じ得ない人民でも、エマと訳すべき画板はやはり奉納している。のみならずそれが現在の掛額画風の最初でもあった。（「絵馬と馬」）

さらに柳田は、日本には、宗教画の起源を探究する外国の学者が留学をしてもよいくらい豊富なる資料があるとし、日本の上代文化の研究者が、「欧州岩窟の石器時代人の壁画」を珍しがっているのは気が知れないという。そして「あれだってやはりある一種のエマに過ぎぬではないか」というのであった。

遠野の供養絵額

遠野を中心とした地域に、死者を供養するために家族や友人が寺院に奉納した「供養《くよう》絵額《えがく》」と呼ばれる板絵とその習俗がある。江戸時代の弘化・嘉永年間ころに発生し、明治時代の最盛期を経て、大正時代までにおよび、岩手県中部で確認された三八六点のうち、約六八パーセントが、遠野市・東和町・宮守村に集中しているという。

横長の扁額形式で、大きさは縦六〇から七〇センチメートル、横九〇から一〇〇センチメートルで、板に直接か、そのうえに和紙を張ったものに描かれる。

描かれる人物は、戒名の記載があることから基本的に故人で、複数の人物が描かれているものもある。座敷などの室内で生活感を感じさせる故人の姿が、紅殻《べんがら》、群青などを用いて、華美なまでの明るさで描かれるのが大きな特色である。死者たちは豪華な屋敷の座敷にいて、美しい着物などで装っている。そして死者が生前に好んだ趣味や遊び、仕事をしている姿に、ご馳走や酒、菓子、果物などが配され、死者が子どもの場合は玩具や好んだ動物が描かれることが多い。またその図柄のなかに、馬の姿を描かれたものも何点かあり、絵馬の起源を想像させるという指摘もある。

絵馬はなんらかの祈願のため社寺に奉納されるものなのにたいして、死者供養を目的に、そのほとんどが寺院に納められたこの形式の板絵を、絵馬とは区別するべきだという考え方もある。平成一三年（二〇〇一）に、この供養絵にかんする展覧会をはじめて企画した遠野市立博物館も、この理由から「供養絵額」という言葉を使ったのだろう。

この供養絵額は、遠野市内の寺町に建つ、善明寺《ぜんみょうじ》、柳玄寺《りゅうげんじ》、瑞応院《ずいおういん》などに多数残されている。柳田国男は『遠野物語』刊行の前年、明治四二年（一九〇九）八月の遠野旅行で、寺町近くの高善《たかぜん》旅館に逗留しているが、こういった板絵をみたという記録はない。また遠野市青笹《あおざさ》の喜清院《きせいいん》にも一〇点の供養絵額が、数多くの遺影写真とともに本堂に掛けられているのを見ることができる。この喜清院は『遠野物語』の九七話に登場する。飯豊《いいで》の菊池松之丞という人が傷寒《しょうかん》（高熱をともなう急性疾患で、腸チフスなどのこと）を病み、菩提寺の「キセイ院」へ空を飛びながら向かっていくと、寺の門には人が群集していた。門のなかは、紅の芥子《けし》の花が見渡すかぎり咲き満ちている。この花のあいだに亡くなった父親と、幼くてして死んだ息子がいて、「お前も来たか」と言う。二人に近づいていこうしていると、門のあたりが騒がしく自分の名前を呼ぶものがあるので引き返したら正気づいたという話である。
柳田が、確実にこの絵額を見たのは、東京朝日新聞社の客員になったあとにおこなった、大正九年（一九二〇）年の東北旅行においてであった。

鵜住居《うのすまい》の浄楽寺は陰鬱なる口碑《こうひ》に富んだ寺だそうなが、自分は偶然その本堂の前に立って、しおらしいこの土地の風習を見た。村で玉瓔珞《たまようらく》と呼んでいるモスリンを三角に縫った棺《ひつぎ》の装飾、または小児の野辺送りに用いたらしい紅い洋傘、その他いろいろの記念品にまじって、新旧の肖像画の額が隙間もなく掲げてある。その中には戦死した青年や大黒帽の生徒などの、多数で撮った写真の中から、切り放し引き延ばしたものもあるが、他の大部分は江戸絵風の彩色画であった。不思議なことには近頃のものまで、男は髷《まげ》があり女房や娘は夜着のような衣物を着ている。ひとりで茶を飲んでいる処もあり、三人五人と一家団欒の態を描いた画も多い。後者は海嘯《つなみ》で死んだ人たちだといったが、そうでなくとも一度に溜めておいて額にする例もあるという。立派にさえ描いてやれば、よく似ているといって悦ぶものだそうで

上／供養絵額や遺影をかかげた「喜清院」の堂内。遠野市青笹
下／喜清院に奉納された「供養絵額」の一枚（写真提供：遠野市立博物館）

ある。こうして寺に持って来て、不幸なる人々はその記憶を、新たにもすればまた美しくもした。まことに人間らしい悲しみようである。

（「鵜住居の寺」）

「鵜住居の寺」は東京朝日新聞の「豆手帖から」という連載に記され、のちに『雪国の春』（昭和三年・一九二八年）に収録された。文中の「浄楽寺」は正しくは「常楽寺」で、現在も岩手県釜石市鵜住居《うのすまい》町にある。しかしこの寺院は、平成二三年の大津波に襲われ、本堂は半壊し、柳田が見た多数の絵額も流されてしまったのである。

柳田の『一目小僧その他』の最後におかれるのは各地に点在する稲荷の小祠の由来について考察した「熊谷弥惣左衛門《くまがいやそうざえもん》の話」（昭和四年・一九二九年）である。そしてこの一篇は「そこでたった一言だけ、私の結論を申し上げます。曰く、およそこの世の中に、『人』ほど不思議なものはないと」という言葉でしめくくられる。

人は大きな苦難も小さな不思議もほかの人に伝えようとして、あまりうまくはいかなかったかもしれない。でもそういう営みを丹念に見ていくと、なにか未来への手がかりが得られるのではないか。柳田国男の民俗学は、そんな野心に満ちたものだったはずだ。不思議な存在である「人」がいるかぎり、災害と妖怪は生みだされるのであり、それらとの葛藤をささやかな文化にしていくのもまた「人」なのであった。

あとがき

高校生のころに『雪国の春』を読んで以来、ずっと訪ねたいと思っていた岩手県釜石市鵜住居の常楽寺に、今年の四月はじめてお参りすることができた。

東日本大震災によって大きな被害に遭ったことは知っていたし、津波をうけたあとの本堂の、悲惨な写真も目にしていた。屋根が崩れ落ち、堂内にあったものを津波がもち去ってしまうという罹災のようす……。それから一年以上経過して訪ねた常楽寺の境内は、倒壊した堂宇が片づけられて更地になっていた。瓦礫のなかに交じる仏具や石像の破片によって、ここが寺院であったという痕跡は見いだすことはできた。ただ境内の一隅に、簡素で真新しい鐘楼が建ち、常楽寺のみならず鵜住居の再建に向けた一歩を印象づけるのだった。

また本堂跡の左手の丘の斜面に、黒御影石の碑が立っていることに気づいた。そこに刻まれているのは柳田国男の『雪国の春』の文章ではあったが、「鵜住居の寺」は「陰鬱なる口碑に富んだ……」という前後の一節だけで、「北の野の森」（昭和二年・一九二七年）の何行かが碑面のほとんどを占めていたのである。東北の風光の美しさ、紅葉の秋や冬木立、雪白水が充ちあふれる春、蛙や郭公の啼く新緑の季節を称え、夏の数週間は、土地の人々には休憩や昼寝の時季だが、いっぽうで旅行者の季節だという。しかし「都人式の急行納涼」の場合はともかく、「あるいはたたずみあるいは腰掛けて、静かに見ておりたい者には、少しくあの色彩が単調であり、また無情であるように感じないわけに行かぬ」と柳田は綴る。

そしていま鵜住居には、単調どころかまったく色がないのであった。だがもしかなうことなら、色を取り戻したこの町を再訪し、常楽寺の、そして東北の復興を確かめたいと思うのだった。

＊

この本は前著『柳田国男と今和次郎――災害に向き合う民俗学』を書いている途上から構想していたものである。日本民俗学の創始者と考現学の提唱者に共通する庶民へのまなざし。災害に翻弄される日本人が、少しでも豊かに生きることを二人は考え続けた。そして今回の本では、民俗学という学問はほんらい、日常ばかりではなく「非日常時」

も積極的にとりあげていたはずだのに、その意志があまり受け継がれているとはいえないという宮田登さんの指摘をもとに、自分なりの「災害フォークロア」を書くことができないものかと思ったのである。近代日本の知識人の災害観、民衆観を綴った前著にたいして、実際の民衆は災害をどのように受けとめ、「妖怪」というものが民衆の心性を最もよく解き明かすものではないかと考えた。大それたきっかけから取り組んだ本ではあるけれど、新しい角度からの民族誌になっていればと切に願う次第です。

ブックデザインを手がけていただいた文平銀座の寄藤文平さん、鈴木千佳子さん、素敵な写真をお貸しくださった浅田政志さん、ありがとうございました。また本書の企画から完成までお世話になった亜紀書房の足立恵美さんに心からお礼を申し上げます。

二〇一二年六月

畑中章宏

参考文献・出典

『定本柳田國男集』（全三一巻・別巻五巻）筑摩書房、一九六二〜七一年
『柳田國男全集』（全三二巻）ちくま文庫、一九八九〜九一年
『柳田國男全集』（全三六巻・別巻二巻）筑摩書房、一九九七年〜（刊行中）
後藤総一郎監修・柳田国男研究会編著『柳田国男伝』三一書房、一九八八年
野村純一・宮田登・三浦佑之・吉川祐子編『柳田國男事典』勉誠出版、一九九八年

＊

アウエハント、コルネリウス『鯰絵―民俗的想像力の世界』せりか書房、一九七九年
赤松宗旦『利根川図志』岩波文庫、一九三八年
石井正己『図説 遠野物語の世界』河出書房新社、二〇〇〇年
石井正己『『遠野物語』を読み解く』平凡社新書、二〇〇九年
石田英一郎『新版 河童駒引考―比較民族学的研究』岩波文庫、一九九四年
伊藤堅吉『性の石神―双体道祖神考』山と渓谷社、一九六五年
伊能嘉矩「猿ヶ石川流域に於ける不地震地」
『日本民俗文化資料集成15 遠野の民俗と歴史』三一書房、一九九四年
茨城県立歴史館「鹿島信仰」展図録、二〇〇四年
茨城県立歴史館「妖怪見聞」展図録、二〇一一年
今成隆良『松本平の道祖神』柳沢書苑、一九七五年

岩井宏實『絵馬』法政大学出版局、一九七四年
内田武志・宮本常一編訳『菅江真澄遊覧記』（全五巻）平凡社ライブラリー、二〇〇〇年
大島建彦『アンバ大杉信仰』岩田書院、一九九八年
大島建彦『アンバ大杉の祭り』岩田書院、二〇〇五年
小倉美惠子『オオカミの護符』新潮社、二〇一一年
神奈川県立歴史博物館「天狗推参！」展図録、二〇一〇年
『鹿沼市史』（全二巻）鹿沼市、一九六八年
川島秀一『漁撈伝承』法政大学出版局、二〇〇三年
北原糸子『日本災害史』吉川弘文館、二〇〇六年
倉石忠彦『道祖神信仰論』名著出版、一九九〇年
小泉八雲「耳なし芳一」『怪談・奇談』講談社学術文庫、一九九〇年
小松和彦編著『妖怪学の基礎知識』角川選書、二〇一一年
『佐々木喜善全集』（全四巻）遠野市立博物館、一九八六〜二〇〇九年
笹本正治『蛇抜・異人・木霊—歴史災害と伝承』岩田書院、一九九四年
佐藤隆房『宮沢賢治—素顔のわが友』冨山房、一九九四年
志木まるごと博物館 河童のつづら編『水塚の文化誌
—志木市・宗岡 荒川下流域の水とくらす知恵』NPO法人エコシティ志木、二〇一一年
鈴木重光「相州内郷村話」『日本民俗誌大系 第八巻』角川書店、一九七五年
鈴木棠三「怪異を訪ねて」『文藝怪談実話—文豪怪談傑作選・特別篇』ちくま文庫、二〇〇八年
ソルニット、レベッカ『災害ユートピア
—なぜそのとき特別な共同体が立ち上るのか』亜紀書房、二〇一一年
髙橋敏『幕末狂乱—コレラがやって来た！』朝日選書、二〇〇五年

千葉徳爾「座敷童子」『怪異の民俗学3　河童』河出書房新社、二〇〇〇年
都司嘉宣・山本賢「地震神としての鹿島信仰」『歴史地震 第八号』歴史地震研究会、一九九二年
遠野市立博物館「供養絵額」展図録、二〇〇一年
ネフスキー、ニコライ『月と不死』平凡社東洋文庫、一九七一年
早川孝太郎『猪・鹿・狸』講談社学術文庫、一九七九年
深沢七郎『楢山節考』新潮文庫、一九六四年
『宮沢賢治全集1』ちくま文庫、一九八六年
宮田登『新訂版 ミロク信仰の研究』未来社、一九七五年
宮田登『江戸のはやり神』ちくま学芸文庫、一九九三年
宮田登『終末観の民俗学』ちくま学芸文庫、一九九八年
宮田登・高田衛監修『鯰絵―震災と日本文化』里文出版、一九九五年
民俗学研究所「絵馬に込められた祈りの心
―平山・岩井コレクションを中心に」展図録、二〇一一年
六車由実『神、人を喰う―人身御供の民俗学』新曜社、二〇〇三年
山中共古『共古随筆』平凡社、一九九五年
吉本隆明『新編 共同幻想論』角川文庫ソフィア、一九八二年
吉本隆明『柳田国男論・丸山真男論』ちくま学芸文庫、二〇〇一年

*

『民俗学辞典』東京堂出版、一九五一年
『日本民俗学辞典』名著普及会、一九八〇年

『縮刷版 日本民俗事典』弘文堂、一九九四年
『日本民俗大辞典』（全二巻）吉川弘文館、一九九九～二〇〇〇年
『日本昔話名彙』日本放送出版協会、一九四八年
『日本昔話大成』（全一二巻）角川書店、一九七八～八〇年
『日本昔話通観』（全三一巻）同朋舎出版、一九七七～九八年

*

国際日本文化研究センター　怪異・妖怪伝承データベース
http://www.nichibun.ac.jp/youkaidb/

柳田国男が書いた文章中に今日的な観点からみて差別的と思われる表現があるが、発表当時の時代的背景を考慮し、原典通りとしている。

畑中章宏　はたなか・あきひろ
一九六二年大阪生まれ。
著述家・編集者。
多摩美術大学芸術人類学研究所特別研究員、
日本大学芸術学部写真学科講師。
著書に、『日本の神様』（イースト・プレス）、
『神社に泊まる
――日本全国癒しの宿坊ご案内』（亜紀書房）、
『柳田国男と今和次郎
――災害に向き合う民俗学』（平凡社新書）がある。

災害と妖怪――柳田国男と歩く日本の天変地異
二〇一二年七月三十日　第一版第一刷発行
二〇一九年五月十二日　第一版第二刷発行
【著者】畑中章宏
【発行所】　株式会社亜紀書房
【郵便番号】一〇一―〇〇五一
東京都千代田区神田神保町一―三二
【電話】〇三―五二八〇―〇二六一
http://www.akishobo.com
【振替】00100-9-144037
【装丁】寄藤文平＋鈴木千佳子（文平銀座）
【カバー写真】浅田政志
【本文写真】畑中章宏
【印刷】株式会社トライ
http://www.try-sky.com
© Akihiro HATANAKA,2012 Printed in Japan
ISBN978-4-7505-1212-9　C0039
乱丁本、落丁本はおとりかえいたします。